초등교과서 논술 글쓰기 3~4학년

초등교과서 논술 글쓰기 3~4학년

초판 1쇄 발행 2024년 3월 20일
초판 2쇄 발행 2024년 7월 12일

지은이 박재찬(달리쌤)

발행인 장상진
발행처 (주)경향비피
등록번호 제2012-000228호
등록일자 2012년 7월 2일

주소 서울시 영등포구 양평동 2가 37-1번지 동아프라임밸리 507-508호
전화 1644-5613 | **팩스** 02) 304-5613

ⓒ박재찬

ISBN 978-89-6952-579-6 73710

· 값은 표지에 있습니다.
· 파본은 구입하신 서점에서 바꿔드립니다.

1. **제품명**: 초등 교과서 논술 글쓰기 3~4학년 2. **제조자명**: 경향BP
3. **주소**: 서울시 영등포구 양평동 2가 37-1번지 동아프라임밸리 507호
4. **전화번호**: 1644-5613 5. **제조국**: 대한민국
6. **사용연령**: 6세 이상 7. **제조연월**: 2024년 3월
8. **취급상 주의사항**
   - 종이에 베이거나 긁히지 않도록 조심하세요.
   - 책 모서리가 날카로우니 던지거나 떨어뜨리지 마세요.

초등 교과서 논술 글쓰기

논리력·사고력·문해력을
높이는 글쓰기 연습장

3~4학년

박재찬(달리쌤) 지음

경향BP

"빨간 양념 떡볶이가 좋아? 하얀 크림 떡볶이가 좋아?"

"탕수육 소스를 부어 먹는 게 좋아? 찍어 먹는 게 좋아?"

한 번쯤 해 봤던 고민이죠? 하나의 주제에 대해 서로 다른 2가지 생각 중 하나를 고르는 것, 그리고 그 이유를 말하는 것. 이게 바로 논술이에요. 그동안 논술이라고 하면 왠지 어렵다고 생각하지 않았나요? 논술은 어떤 주제에 대한 자기 생각, 다시 말해 의견을 정하고 이 의견에 관한 생각을 덧붙여 말하는 것이에요. 특별한 게 아니죠? 이 책은 아주 쉽고 재미있게 논술을 배울 수 있는 책이에요.

이 책에서는 다음과 같은 질문들을 만나게 될 거예요.

'핵가족이 확대가족보다 행복할까? 확대가족이 핵가족보다 행복할까?'

'저출산보다 고령화가 문제일까? 고령화보다 저출산이 문제일까?'

'생산이 소비보다 중요할까? 소비가 생산보다 중요할까?'

어떻게 대답해야 할지 고민된다고요? 걱정하지 마세요. 이 책에서는 여러분의 생각을 키워 줄 두 명의 친구가 여러분을 대신해 토론해 줄 거예요. 여러분은 그 토론 내용을 참고해서 여러분의 생각을 정리하면 돼요. 논술을 잘하는 방법은 나의 의견을 말하기 전에 많은 사람의 생각을 들어 보는 거예요. 그러니 두 친구의 생각과 그렇게 생각하는 이유를 꼼꼼하게 읽어 보세요. 여러분의 글을 쓸 때 많은 도움이 될 거예요. 아 참, 한 가지 더! 토론은 상대방을 이기기 위해서 하는 게 아니라 토론 주제에 대해 조금 더 깊이 있게 알아보기 위해 한다는 것도 잊지 말아 주세요.

핵가족, 확대가족, 저출산, 고령화라는 어휘의 뜻을 모르겠다고요? 그것도 걱정하지 마세요. 이 책에는 초등학교 3, 4학년 사회 교과서를 분석하여 뽑은 '초등학생들의 교과서 이해력을 높여 주는 무려 200개의 어휘'가 담겨 있어요.

많은 초등학생이 수업 시간에 사회 교과서를 보면서 '이 어휘는 무슨 뜻이지?', '나는 잘 모르는 어려운 어휘가 너무 많아.'라고 생각한다고 해요. 하지만 이 책에 나오는 사회 교과 어휘를 찬찬히 살펴보고 문제를 푼다면 사회 수업 시간에 어휘를 몰라서 선생님의 설명이나 교과서 내용을 이해하지 못하는 경우는 없을 거예요.

이 책을 이용해서 여러분이 논술과 가까워지길 바라요. 또한 1, 2학년에는 없던 사회라는 교과를 처음 만나는 여러분이 모르는 어휘, 어려운 어휘 때문에 사회라는 재미있는 교과를 싫어하지 않길 바라요. 사회는 초등학교를 넘어 중학교, 고등학교에서도 계속해서 배워야 하는 과목이기 때문이에요. 이 책이 여러분의 어휘력, 논리력을 키우고, 사회 교과와 관련된 배경지식을 쌓는 데도 도움이 되길 바랍니다.

박재찬(달리쌤)

이 책의 활용법

　이 책은 사회라는 교과를 처음으로 접하는 초등학교 3학년 학생들, 갑작스럽게 쏟아지는 난도 높은 사회 교과 어휘로 인해 어려움을 겪는 초등학교 4학년 학생들을 위한 책입니다. 물론 사회 교과 어휘를 맛보기 위한 저학년 학생들, 기초를 단단하게 만들고 싶은 고학년 학생들에게도 도움이 될 수 있는 책이기도 하고요. 이 책에는 초등학교 3, 4학년 사회 교육과정 성취 기준을 바탕으로 뽑은 200개의 사회 어휘와 이를 활용하여 가볍게, 때로는 심각하게 이야기를 나눌 수 있는 40개의 토론 주제가 담겨 있습니다.

　지금부터 제시하는 방법에 따라 이 책을 활용하여 논리력, 사고력, 문해력을 높여 보세요.

❶ 교과서 속 문장을 소리 내어 읽어 보세요.

초등 공부의 기본은 교과서예요. 특히 사회 교과 공부는 교과서만 제대로 익히면 걱정할 게 없답니다. 이 책에는 여러 출판사의 교과서에서 반복해서 나오는 교과 어휘들을 문장에 담았어요. 눈으로만 훑고 넘어가는 게 아니라 직접 목소리를 내며 읽어 보세요. 마치 교실에서 친구들과 함께 교과서를 읽는 것처럼 말이에요. 반복해서 소리 내어 문장을 읽다 보면 그 의미를 자연스럽게 알게 되는 경험을 하게 될 거예요.

② 다양한 공부 방법을 이용해 사회 교과 어휘와 그 뜻을 익히세요.

어렵게 느껴지는 사회 교과 어휘를 효과적으로 익히는 방법은 다양한 공부 방법을 사용하는 거예요. 이 책에서는 무려 4가지 공부 방법을 이용해 어휘를 익힐 수 있어요. 어휘를 따라 쓰기, 어휘와 설명을 선으로 연결하기, 보기에서 어휘의 뜻을 찾아 쓰기, 나의 경험과 관련된 글쓰기예요. 매번 같은 방법으로 하는 공부는 그만! 다양한 방법으로 사회 교과 어휘를 익혀 보세요.

③ 서로 다른 두 친구의 생각과 이유를 살펴보세요.

이 책의 가장 큰 장점은 하나의 주제에 대해 서로 다른 의견을 가진 두 친구의 생각과 그렇게 생각하는 2가지 이유를 제시하고 있다는 점이에요. 내 생각을 글로 써 보기 전에 다른 사람들의 의견을 살펴보는 건 토론할 때나 글쓰기를 할 때 꼭 거쳐야 하는 아주 중요한 과정이에요. 다만, 다른 사람의 생각은 참고만 할 뿐 그대로 따라 쓰는 건 하지 마세요.

④ 내 생각을 직접 써 보며 내 것으로 만드세요.

이 책이 논술을 배울 수 있는 책이라고 말했던 걸 기억하고 있죠? 그래서 각 장의 마지막 부분에는 내 생각을 글로 정리하는 부분이 있어요. 먼저, 몇 가지 질문에 대해 간단하게 내 생각을 정리해 본 다음, 생각들을 연결하여 줄글로 글쓰기를 해 보세요. 머릿속에서 떠다니던 희미한 생각들이 글쓰기를 통해 또렷하게 변하게 되는 걸 느낄 수 있을 거예요. 이때 어떤 내용을 써야 할지 막막하다면 책에 정리해 놓은 사회 교과 지식 부분과 두 친구의 생각을 참고해 보세요. 글쓰기에 사용할 수 있는 생각을 얻을 수 있을 거예요.

목차

들어가며 … 4
이 책의 활용법 … 6
초등 교과서 논술 글쓰기 진도표 … 11

1 사회가 변하면서 생활 모습과 문화는 어떻게 바뀌었을까?

01 핵가족이 확대가족보다 행복할까? … 14
02 저출산보다 고령화가 문제일까? … 18
03 다문화 가정을 도와줘야 할까? … 22
04 인터넷 중독보다 개인정보 유출이 위험할까? … 26
05 편견은 항상 버려야 하는 걸까? … 30

2 옛날과 오늘날의 생활 모습은 어떻게 바뀌었을까?

06 옛날 풍습을 오늘날에도 해야 할까? … 36
07 교통수단에 따라 사람들의 생활 모습이 변했을까? … 40
08 통신수단에 따라 사람들의 생활 모습이 변했을까? … 44
09 오래된 역사 자료가 요즘에도 필요할까? … 48
10 명절마다 차례를 지내야 할까? … 52
11 모내기가 김매기보다 힘들까? … 56

3 지도를 이용하여 우리 지역을 배워 볼까?

12 지도에 방위표가 꼭 필요할까? ⋯ 62
13 범례가 있는 지도가 좋은 지도일까? ⋯ 66
14 대축척 지도가 소축척 지도보다 보기 편할까? ⋯ 70
15 땅의 높낮이는 등고선으로 보는 게 편할까? ⋯ 74
16 백지도와 약도 중에서 어떤 게 더 쓸모 있을까? ⋯ 78
17 디지털 영상 지도가 종이 지도보다 보기 편할까? ⋯ 82
18 지리 정보를 알면 생활에 도움이 될까? ⋯ 86

4 우리 지역의 문화유산으로 역사를 알아볼까?

19 무형 문화유산보다 유형 문화유산이 소중할까? ⋯ 92
20 유적에 가면 지역의 역사를 알 수 있을까? ⋯ 96
21 답사는 사회 공부에 도움이 될까? ⋯ 100

5 경제 활동과 관련된 내용을 배워 볼까?

22 희소성을 생각하며 소비해야 할까? ⋯ 106
23 항상 합리적인 선택을 할 수 있을까? ⋯ 110
24 기회비용을 항상 따져야 할까? ⋯ 114
25 생산이 소비보다 중요할까? ⋯ 118
26 비싼 게 항상 좋은 상품일까? ⋯ 122

6 생활 속에서 민주주의를 실천해 볼까?

27 학교에서 민주주의를 실천할 수 있을까? … **128**
28 학교 자치는 학교에 필요할까? … **132**
29 주민 자치가 주민들에게 도움이 될까? … **136**
30 주민 참여가 필요할까? … **140**

7 우리 지역사회를 어떻게 발전시킬 수 있을까?

31 지역축제는 우리 지역에 도움이 될까? … **146**
32 촌락과 도시는 상호의존해야 할까? … **150**
33 로컬푸드 장터는 필요할까? … **154**

8 환경에 따라 달라지는 다양한 삶의 모습을 살펴볼까?

34 자연환경이 인문환경보다 중요할까? … **160**
35 자연환경에 따라 사람들의 의식주가 달라질까? … **164**
36 산지촌이 어촌보다 살기 좋을까? … **168**
37 특별시가 광역시보다 살기 좋을까? … **172**
38 중심지에서 사는 게 편할까? … **176**
39 지역마다 기온과 강수량이 다를까? … **180**
40 도시 문제를 해결해야 할까? … **184**

정답 … **188**

초등 교과서 논술 글쓰기 진도표

공부할 때마다 체크해 보세요!

첫째 주	☐ 1일차	☐ 2일차	☐ 3일차	☐ 4일차	☐ 5일차
교과 어휘	핵가족	고령화	다문화	중독	편견
둘째 주	☐ 6일차	☐ 7일차	☐ 8일차	☐ 9일차	☐ 10일차
교과 어휘	풍습	교통수단	통신수단	역사 자료	명절
셋째 주	☐ 11일차	☐ 12일차	☐ 13일차	☐ 14일차	☐ 15일차
교과 어휘	모내기	방위표	범례	축척	등고선
넷째 주	☐ 16일차	☐ 17일차	☐ 18일차	☐ 19일차	☐ 20일차
교과 어휘	백지도	디지털 영상 지도	지리 정보	문화유산	유적
다섯째 주	☐ 21일차	☐ 22일차	☐ 23일차	☐ 24일차	☐ 25일차
교과 어휘	답사	희소성	합리적 선택	기회비용	생산
여섯째 주	☐ 26일차	☐ 27일차	☐ 28일차	☐ 29일차	☐ 30일차
교과 어휘	상품	민주주의	학교 자치	주민 자치	주민 참여
일곱째 주	☐ 31일차	☐ 32일차	☐ 33일차	☐ 34일차	☐ 35일차
교과 어휘	지역축제	상호의존	로컬푸드	자연환경	의식주
여덟째 주	☐ 36일차	☐ 37일차	☐ 38일차	☐ 39일차	☐ 40일차
교과 어휘	산지촌	광역시	중심지	기온	도시 문제

1

사회가 변하면서 생활 모습과 문화는 어떻게 바뀌었을까?

01

초등 3학년 2학기 사회 3단원 ⇒ 가족의 모습과 역할 변화

핵가족이 확대가족보다 행복할까?

🌸 사회 교과 어휘의 뜻을 살펴봐요.

핵가족
核家族

: 부부와 결혼하지 않은 자녀가 함께 사는 가족

🌸 교과서 속 문장을 소리 내어 읽어요.

> ★ 시간이 흐를수록 **핵가족**이 늘어나고 있습니다.
> 부모와 결혼하지 않는 자녀가 함께 사는 가족을 **핵가족**이라고 합니다.
> 우리나라는 산업화를 하면서 **핵가족**이 확대되었습니다.
> **핵가족**은 다양한 가족 형태 중의 하나입니다. ★

🌸 어휘를 따라 쓰며 예문으로 어휘를 익혀요.

- 너희 가족도 우리 가족처럼 핵 가 족 이지?

- 맞아, 할아버지, 할머니와 따로 살거든. 그런데 내년부터는 두 분이 이사 오셔서 확 대 가 족 이 될 수도 있어.

- 그럼, 핵 가 족 이었던 할아버지, 할머니께서도 확 대 가 족 의 구성원이 되시는 거네?

🌷 어울리는 어휘를 찾아 선으로 연결하세요.

| 부부와 결혼한 자녀들이 함께 사는 가족 | • | • | 핵가족 |
| 한 쌍의 부부와 결혼하지 않은 자녀가 함께 사는 가족 | • | • | 확대가족 |

🌷 다음 뜻 또는 설명에 알맞은 말을 [보기]에서 찾아 쓰세요.

보기

미혼, 부부, 조부모

① 할아버지와 할머니

② 남편과 아내

③ 결혼하지 않은 사람

🌷 핵가족과 확대가족의 차이점을 설명해 보세요.

예 핵가족과 확대가족의 차이점은 할아버지, 할머니와 같이 사느냐다. 확대가족은 할아버지, 할머니와 함께 살지만, 핵가족은 그렇지 않다.

핵가족과 확대가족의 차이점은

🌷 논술 주제에 관한 갈라와 달라의 생각을 살펴봐요.

핵가족이 확대가족보다 행복하다.

확대가족이 핵가족보다 행복하다.

갈라

"핵가족이
확대가족보다 행복하다."

이유1
핵가족은 부모님과 오붓하게 살 수 있기 때문이다.

이유2
일반적으로 함께 사는 사람이 많지 않아 여행을 가거나 외출할 때 편리하기 때문이다.

달라

"확대가족이
핵가족보다 행복하다."

이유1
할아버지, 할머니에게 예의범절을 배울 수 있기 때문이다.

이유2
일반적으로 함께 사는 가족이 많으면 든든한 느낌이 들기 때문이다.

미리 배우는 사회 교과 지식

핵가족은 가족 구성원의 수가 적고, 확대가족은 가족 구성원의 수가 많다고 생각하는 학생들이 가끔 있어요. 하지만 가족 구성원의 수가 핵가족보다 적은 확대가족도 있을 수 있어요. 예를 들어 부부가 있고 결혼하지 않은 자녀가 5명이 있으면 가족 구성원은 모두 7명이겠죠? 그런데 아이가 없는 결혼한 부부와 그 부모가 함께 산다고 하면 가족의 형태는 확대가족이지만, 가족 구성원이 모두 4명일 수도 있겠죠? 가족 구성원의 수에 따라 핵가족, 확대가족을 구분하지 않는다는 걸 기억해 주세요.

🌷 **내 생각을 글쓰기로 완성해요.**

① 질문에 대해 간단하게 답을 쓰며 생각을 틔워요.

나의 선택은?	나는 (갈라 , 달라)의 생각에 (동의한다.)
그렇게 생각하는 이유는?	
다른 이유가 있다면?	
내 생각을 다시 말하자면?	

② 내 생각을 줄글로 써요.

02

초등 4학년 2학기 사회 3단원 ⇒ 사회 변화와 문화의 다양성

저출산보다 고령화가 문제일까?

🌷 사회 교과 어휘의 뜻을 살펴봐요.

고령화
高齡化

: 65세 이상의 노인 인구 비율이 늘어나는 것

🌷 교과서 속 문장을 소리 내어 읽어요.

> 우리나라는 대표적인 **고령화** 국가가 되었습니다.
> **고령화**가 계속되면 노인을 돌볼 사람들이 필요해집니다.
> 농촌은 도시보다 **고령화** 현상이 심합니다.
> **고령화** 현상이 우리 생활에 미친 영향을 생각해 봅시다.

🌷 어휘를 따라 쓰며 예문으로 어휘를 익혀요.

- 저 출 산 을 해결하려면 아이를 낳기 좋은 환경이 되어야 해.
- 고 령 화 가 계속된다면 병원을 찾는 노인들이 늘어날 거야.
-  문제를 해결하기 위해서 아이를 많이 낳는 가정에 재정적인 지원을 해 줘야 한다고 생각해.

🌷 어울리는 어휘를 찾아 선으로 연결하세요.

65세 이상의 노인 인구 비율이 늘어나는 것 •		• 저출산
아이를 낳지 않거나 적게 낳는 것 •		• 고령화

🌷 다음 뜻 또는 설명에 알맞은 말을 [보기]에서 찾아 쓰세요.

보기

출산, 고령, 생산 인구

① 아이를 낳음

② 생산 활동을 할 수 있는 사람의 수

③ 나이를 많이 먹은 사람

🌷 내가 생각하는 저출산의 해결 방법을 써 보세요.

예 저출산을 해결하기 위해 둘 이상 아이를 낳는 가정에는 세금을 줄여 주는 정책을 낸다.

저출산을 해결하기 위해

🌷 논술 주제에 관한 갈라와 달라의 생각을 살펴봐요.

> 저출산보다 고령화가 문제다.
>
> 고령화보다 저출산이 문제다.

갈라
"저출산보다 고령화가 문제다."

이유1
고령화 시대가 되면서 노인들에게 줄 연금이 부족해지고 있기 때문이다.

이유2
나이 많은 노인들이 사회와 가족들로부터 소외되는 게 마음이 아프기 때문이다.

달라
"고령화보다 저출산이 문제다."

이유1
나라를 발전시키는 것은 열정적으로 일을 할 수 있는 젊은 사람이기 때문이다.

이유2
인구 숫자가 그 나라의 국력인데, 저출산이 계속되면 인구가 계속 줄어들 것이기 때문이다.

미리 배우는 사회 교과 지식

저출산이 계속되면 일을 하여 무언가를 생산하는 사람들이 줄어들겠죠? 또 생산할 사람뿐만 아니라 소비할 사람도 줄어들게 됩니다. 돈을 벌 사람, 돈을 쓸 사람 모두가 줄어들게 되는 것이죠. 고령화가 계속되면 고령자들을 위한 복지비로 사용할 돈이 더 많이 필요해집니다. 다른 곳에 사용할 수 있는 세금을 복지비로 더 써야 하는 셈이죠. 저출산과 고령화로 인해 우리의 생활 모습이 어떻게 변하고 있는지 생각해 보세요.

🌷 내 생각을 글쓰기로 완성해요.

① 질문에 대해 간단하게 답을 쓰며 생각을 틔워요.

나의 선택은?	나는 (갈라 / 달라)의 생각에 (동의한다.)
그렇게 생각하는 이유는?	
다른 이유가 있다면?	
내 생각을 다시 말하자면?	

② 내 생각을 줄글로 써요.

03 다문화 가정을 도와줘야 할까?

초등 4학년 2학기 사회 3단원 ⇒ 사회 변화와 문화의 다양성

🌷 사회 교과 어휘의 뜻을 살펴봐요.

다문화
多文化

: 하나의 사회 안에 여러 가지 국가, 민족의 문화가 섞인 것

🌷 교과서 속 문장을 소리 내어 읽어요.

> 대한민국은 **다문화** 사회가 되고 있습니다.
> **다문화** 사회에서 사는 방법을 배워야 합니다.
> **다문화** 가정을 도울 수 있는 방법을 찾아야 합니다.
> 국제결혼이 늘어나며 **다문화** 가정의 수도 늘어나고 있습니다.

🌷 어휘를 따라 쓰며 예문으로 어휘를 익혀요.

- 너희 반에는 다 문 화 가 정 친구들이 몇 명 정도 있어?
- 다섯 명 정도? 우리나라가 다 문 화 국가가 되면서 다문화 가정 친구들이 점점 늘어나는 것 같아.
- 우리 반도 비슷해. 어제 전학해 온 친구도 다 문 화 가정의 친구인데 한국어가 서툴러서 내가 조금 알려줬어.

🌷 어울리는 어휘를 찾아 선으로 연결하세요.

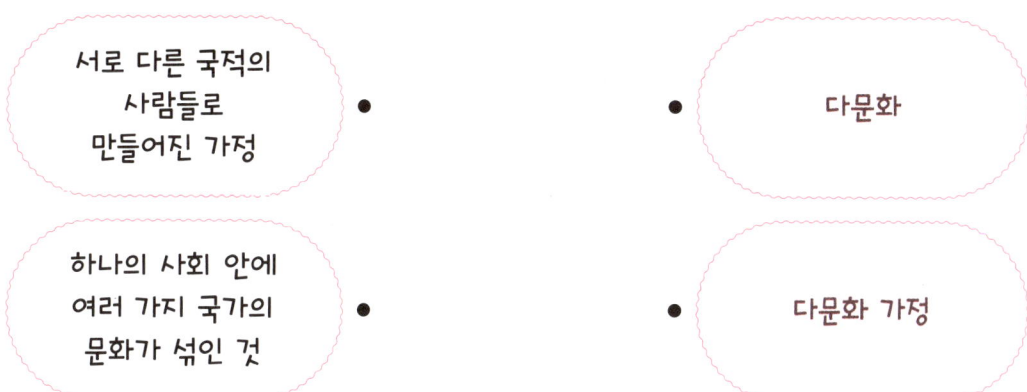

🌷 다음 뜻 또는 설명에 알맞은 말을 [보기]에서 찾아 쓰세요.

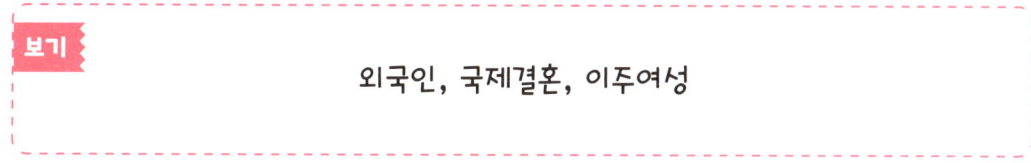

① 서로 다른 국적의 남녀가 결혼하는 것

② 한국인과 결혼하여 한국에 사는 여성

③ 다른 나라 사람

🌷 다문화 가정의 친구에게 도움을 주는 방법을 써 보세요.

| 예 | 다문화 가정의 친구에게 도움을 주는 방법은 우리나라를 소개해 주는 것이다. 예를 들어, 다문화 가정의 친구가 우리나라의 말이나 문화를 이해하지 못한다면 자세하게 설명해 준다. |

다문화 가정의 친구에게 도움을 주는 방법은

🌷 논술 주제에 관한 갈라와 달라의 생각을 살펴봐요.

> 다문화 가정을 도와줘야 한다.
> VS
> 다문화 가정을 도와주지 않아도 된다.

갈라
"다문화 가정을 도와줘야 한다."

이유1
다문화 가정의 사람들에게도 인권이 있기 때문이다.

이유2
다문화 가정을 도와주며 다양한 문화를 경험해 볼 수 있기 때문이다.

달라
"다문화 가정을 도와주지 않아도 된다."

이유1
다문화 가정보다 도움이 더 필요한 가정도 있기 때문이다.

이유2
다문화 가정에 많은 도움을 주면 그들이 스스로 문제를 해결할 힘을 기를 수 없기 때문이다.

미리 배우는 사회 교과 지식

교육부에서 발표한 자료에 따르면 우리나라로 들어오는 외국인들이 지난 10년간 계속해서 늘고 있다고 해요. 이제는 교실에서, 길에서, 마트에서 외국인들을 보는 게 일상적인 일이 되었죠. 앞으로 우리나라는 캐나다처럼 이민자의 비율이 계속해서 높아질 거예요. 그동안 이러한 학생들을 가리켜 다문화 학생이라고 불렀어요. 그런데 앞으로는 외국에서 이주해 온 학생을 포함하여 '이주배경학생'으로 부르기로 했어요. 여러분 주변에도 이주배경학생이 있나요?

🌷 **내 생각을 글쓰기로 완성해요.**

① 질문에 대해 간단하게 답을 쓰며 생각을 틔워요.

나의 선택은?	나는 (갈라 / 달라)의 생각에 (동의한다.)
그렇게 생각하는 이유는?	
다른 이유가 있다면?	
내 생각을 다시 말하자면?	

② 내 생각을 줄글로 써요.

04

초등 4학년 2학기 사회 3단원 ⇒ 사회 변화와 문화의 다양성

인터넷 중독보다 개인정보 유출이 위험할까?

🌸 사회 교과 어휘의 뜻을 살펴봐요.

중독
中毒

: 어떤 행동을 하지 않을 때 불안하거나 정상적인 활동을 못하는 것

🌸 교과서 속 문장을 소리 내어 읽어요.

> 최근 초등학생들의 인터넷 중독이 늘어나고 있다고 합니다.
> 스마트폰이 없을 때 불안한 것도 중독으로 볼 수 있습니다.
> 인터넷 중독이 심해지면 사람들을 멀리하는 대인기피증이 생기기도 합니다.
> 인터넷 중독을 예방하기 위해 정해진 시간에만 인터넷을 사용해야 합니다.

🌸 어휘를 따라 쓰며 예문으로 어휘를 익혀요.

👧 인터넷 게임 중독 학생이 늘어나고 있다는 기사를 봤어.

👧 우리 형도 스마트폰에 중독 된 것 같아. 집에 오면 계속 스마트폰만 보고 있거든.

👧 정말? 걱정되겠다. 그런데 요즘엔 개인정보 유출 과 관련된 문제들도 많아지는 것 같아.

🌷 어울리는 어휘를 찾아 선으로 연결하세요.

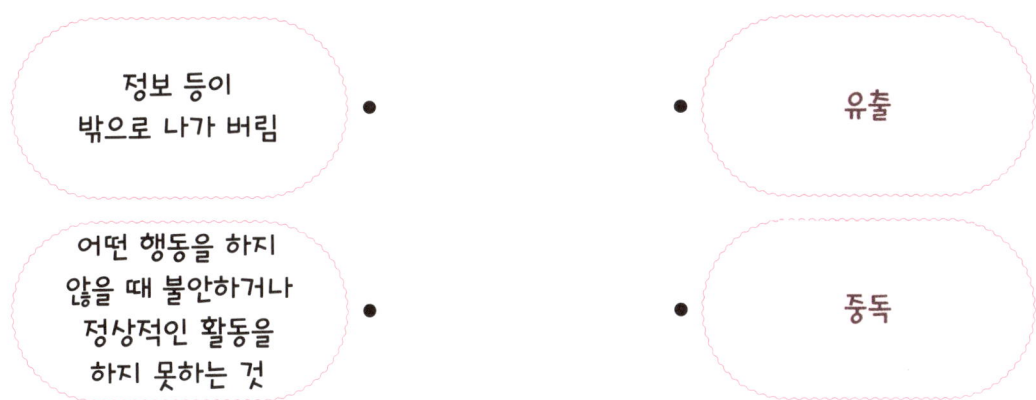

🌷 다음 뜻 또는 설명에 알맞은 말을 [보기]에서 찾아 쓰세요.

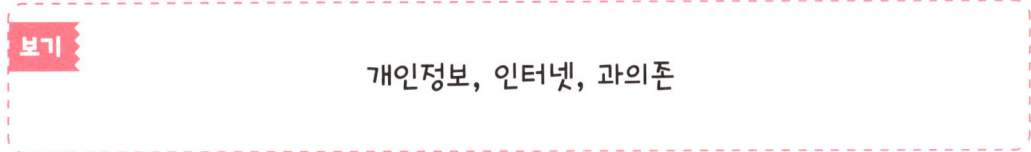

① 어떤 것에 심하게 의존하는 것

② 이름, 주민등록번호 등 개인과 관련된 자료

③ 컴퓨터 통신망

🌷 인터넷 중독이 위험한 이유를 써 보세요.

> 예　인터넷 중독이 위험한 이유는 인터넷 때문에 다른 행동을 하지 못하게 될 수도 있기 때문이다. 학생은 공부도 하고, 운동도 해야 하는데 그런 것들을 하지 않고 인터넷만 하는 것은 당연히 위험하다.

인터넷 중독이 위험한 이유는

🌷 논술 주제에 관한 갈라와 달라의 생각을 살펴봐요.

> 인터넷 중독보다 개인정보 유출이 위험하다.
>
> 개인정보 유출보다 인터넷 중독이 위험하다.

갈라
"인터넷 중독보다 개인정보 유출이 위험하다."

이유1
나의 개인정보를 다른 범죄에 이용할 수 있기 때문이다.

이유2
개인정보가 유출되면 나의 사생활이 다른 사람들에게 보일 수 있기 때문이다.

달라
"개인정보 유출보다 인터넷 중독이 위험하다."

이유1
인터넷 공간과 현실 공간을 구분하지 못하고 행동할 수 있기 때문이다.

이유2
인터넷을 이용하지 않는 다른 활동에 흥미가 없어지기 때문이다.

미리 배우는 사회 교과 지식

인터넷 중독, 개인정보 유출. 2가지 모두 정보화로 인해 일어난 문제예요. 정보 통신 기술이 발달하면서 우리의 삶이 변화하게 된 것을 '정보화'라고 하는데요. 정보화를 통해 우리의 생활이 편리하게 변한 장점도 있지만 단점도 있어요. 정보화로 인한 문제점에는 악성 댓글을 다는 '악플러'들이 늘어나게 된 점, 다른 사람들이 소중하게 만든 창작물을 불법으로 내려받는 사람들이 늘어나게 된 점 등이 있답니다.

🌷 **내 생각을 글쓰기로 완성해요.**

① 질문에 대해 간단하게 답을 쓰며 생각을 틔워요.

나의 선택은?	나는 (갈라 / 달라)의 생각에 (동의한다.)
그렇게 생각하는 이유는?	
다른 이유가 있다면?	
내 생각을 다시 말하자면?	

② 내 생각을 줄글로 써요.

05 편견은 항상 버려야 하는 걸까?

초등 4학년 2학기 사회 3단원 ⇒ 사회 변화와 문화의 다양성

🌷 사회 교과 어휘의 뜻을 살펴봐요.

편견
偏見

: 공정하지 못하고 한쪽으로만 나쁘게 바라보는 생각

🌷 교과서 속 문장을 소리 내어 읽어요.

> 우리는 피부색이 다르다고 해서 편견을 가져서는 안 됩니다.
> 한 번 만들어진 편견은 계속해서 유지되는 경우가 많습니다.
> 편견에 사로잡히지 않고 공정하게 생각하려 노력해야 합니다.
> 서로의 다름을 이해하는 태도가 편견을 줄여 줍니다.

🌷 어휘를 따라 쓰며 예문으로 어휘를 익혀요.

공 정 하게 결정하려면 편견을 버리고 생각해야 해.

나도 그렇게 생각해. 그런데 나도 모르게 편 견 이 생기는 것 같아.

편 견 을 가지지 않으려면 나와 다른 생각을 지닌 사람들과 계속해서 이야기해 봐야 할 것 같아.

🌷 어울리는 어휘를 찾아 선으로 연결하세요.

| 공정하지 못하고 한쪽으로만 나쁘게 바라보는 생각 | • | • | 편견 |
| 공평하고 올바름 | • | • | 공정 |

🌷 다음 뜻 또는 설명에 알맞은 말을 [보기]에서 찾아 쓰세요.

보기 선입견, 불공정, 고정관념

① 어떤 것에 관해 이미 가진 생각

② 잘 변하지 않는 관념

③ 공평하고 올바르지 않은 것

🌷 내가 가지고 있는 편견과 그 편견을 갖게 된 이유를 써 보세요.

> **예** 내가 가진 편견은 외국인들은 김치를 좋아하지 않을 것이라는 생각이다. 이 편견은 외국인들이 김치가 너무 맵다며 먹지 못하겠다고 말하는 TV를 본 다음 생기게 되었다.

내가 가진 편견은

🌷 논술 주제에 관한 갈라와 달라의 생각을 살펴봐요.

> 편견은 항상 버려야 한다.
> VS
> 편견은 버리지 않아도 괜찮다.

갈라
"편견은 항상 버려야 한다."

이유1
편견을 버리지 않으면 다른 사람의 생각을 받아들일 수 없기 때문이다.

이유2
세상의 모든 일은 한쪽 생각만 맞는 경우는 없기 때문이다.

달라
"편견은 버리지 않아도 괜찮다."

이유1
편견이 어떤 문제를 해결하는 데 도움을 줄 때도 있고, 모든 편견이 나쁜 건 아니기 때문이다.

이유2
이 세상에서 편견이 없는 사람은 없고, 편견이라는 것은 계속해서 생겨나기 때문이다.

미리 배우는 사회 교과 지식

"결혼하지 않고 혼자 사는 사람들은 분명 성격이 이상할 거야.", "반려동물을 많이 키우는 사람들은 분명 외로움을 많이 느끼는 사람일 거야."와 같은 생각을 해 보거나 들어 본 적이 있나요? 이러한 생각은 모두 다 편견이에요. 그 사람이 삶을 살아가는 방식일 뿐이니 그걸 통해 그 사람에 대해 나쁜 생각을 가질 필요가 전혀 없어요. 나와, 우리와 다른 삶을 사는 사람들을 존중해 주는 태도를 가져 보세요.

🌷 **내 생각을 글쓰기로 완성해요.**

① 질문에 대해 간단하게 답을 쓰며 생각을 틔워요.

나의 선택은?	나는 (갈라 , 달라)의 생각에 (동의한다.)
그렇게 생각하는 이유는?	
다른 이유가 있다면?	
내 생각을 다시 말하자면?	

② 내 생각을 줄글로 써요.

2

옛날과 오늘날의 생활 모습은 어떻게 바뀌었을까?

06 옛날 풍습을 오늘날에도 해야 할까?

초등 3학년 2학기 사회 2단원 ⇒ 시대마다 다른 삶의 모습

🌷 사회 교과 어휘의 뜻을 살펴봐요.

풍습
風習

: 옛날부터 전해 내려오는 습관

🌷 교과서 속 문장을 소리 내어 읽어요.

> 우리 민족의 고유한 풍습을 지켜야 합니다.
> 명절에 가족이 모여 맛있는 음식을 나눠 먹는 풍습이 있습니다.
> 우리가 사는 지역마다 조금씩 다른 풍습이 있습니다.
> 옛날과 오늘날의 풍습을 비교해 봅시다.

🌷 어휘를 따라 쓰며 예문으로 어휘를 익혀요.

- 제사를 지내는 것은 오래전부터 내려오는 풍습 이야.
- 그럼 설날에 어른들에게 세배 하는 것도 풍습이겠구나.
- 꼭 명절과 관련되어야 하는 건 아니지? 돌잔치를 하는 것도 예전부터 내려오는 습관이니까 풍습 이라고 할 수 있겠네?

🌷 어울리는 어휘를 찾아 선으로 연결하세요.

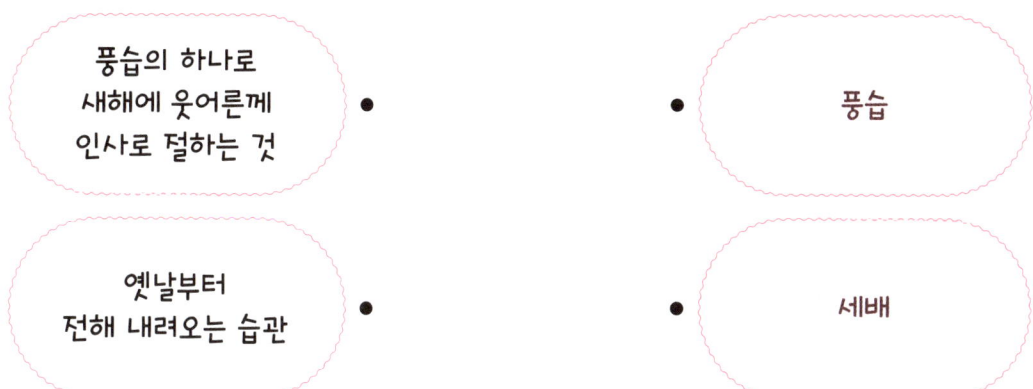

🌷 다음 뜻 또는 설명에 알맞은 말을 [보기]에서 찾아 쓰세요.

> **보기**
> 널뛰기, 강강술래, 덕담

① 긴 널빤지에서 번갈아 뛰는 놀이

② 새해에 다른 사람에게 해 주는 좋은 말

③ 원을 그려 춤추고 노래를 부르는 놀이

🌷 내가 알고 있는 우리나라의 풍습 한 가지를 설명해 보세요.

> **예** 내가 알고 있는 풍습은 한복이다. 우리나라에서는 알록달록한 한복을 설날이나 추석 등 명절에 입는다.

내가 알고 있는 풍습은

🌸 논술 주제에 관한 갈라와 달라의 생각을 살펴봐요.

> 옛날 풍습을 오늘날에도 해야 한다.
>
> 옛날 풍습을 오늘날에 하지 않아도 된다.

갈라
"옛날 풍습을 오늘날에도 해야 한다."

이유1
옛날 풍습은 우리나라의 소중한 문화와 전통이기 때문이다.

이유2
가족들과 옛날 풍습을 함께 하며 가까워질 수 있기 때문이다.

달라
"옛날 풍습을 오늘날에 하지 않아도 된다."

이유1
옛날과 오늘날의 환경 및 사는 모습이 많이 변했기 때문이다.

이유2
풍습 중에는 환경을 파괴하거나 동물들을 학대하는 풍습들도 많이 있기 때문이다.

미리 배우는 사회 교과 지식

풍습이라는 단어는 풍속과 습관을 모두 포함하는 단어예요. 설날이나 추석, 정월 대보름, 동지 같은 명절을 보내는 것도 여기에 들어가죠. 그래서 이런 날에 떡국이나 송편, 오곡밥, 팥죽을 먹는 거예요. 물론 이러한 옛날 풍습을 오늘날에도 지키는 가정이 있고, 그렇지 않은 가정이 있어요. 주로 농사를 짓고 살았던 조상들의 삶과 요즘 우리의 삶이 같지 않기 때문이죠. 풍습을 지키는 것에 관해 여러분은 어떻게 생각하나요?

🌷 **내 생각을 글쓰기로 완성해요.**

① 질문에 대해 간단하게 답을 쓰며 생각을 틔워요.

나의 선택은?	나는 (갈라 , 달라)의 생각에 (동의한다.)
그렇게 생각하는 이유는?	
다른 이유가 있다면?	
내 생각을 다시 말하자면?	

② 내 생각을 줄글로 써요.

07

초등 3학년 1학기 사회 3단원 ⇒ 교통과 통신수단의 변화

교통수단에 따라 사람들의 생활 모습이 변했을까?

🌷 사회 교과 어휘의 뜻을 살펴봐요.

교통수단
交通手段

: 짐을 옮기거나 사람이 이동할 때 쓰는 수단

🌷 교과서 속 문장을 소리 내어 읽어요.

> 자전거, 자동차, 비행기는 모두 교통수단입니다.
> 조선시대에 사용된 교통수단 중의 하나는 말이었습니다.
> 교통수단의 발달은 세계를 지구촌으로 만들었습니다.
> 사람들은 고장의 자연환경에 맞춰 교통수단을 이용합니다.

🌷 어휘를 따라 쓰며 예문으로 어휘를 익혀요.

- 한강은 옛날부터 중요한 교통로 로 이용되었다고 해.
- 과거에는 배 같은 교통수단 을 이용해 한강을 건넜겠네?
- 오늘날에는 강 위로 다리가 놓여 있으니까 자동차 같은 교통수단 을 이용할 수 있게 되어 편리해진 것 같아.

🌷 어울리는 어휘를 찾아 선으로 연결하세요.

| 교통에 이용하는 길 (도로, 수로, 항공로 등) | • | • | 교통로 |
| 짐을 옮기거나 사람이 이동할 때 쓰는 수단 | • | • | 교통수단 |

🌷 다음 뜻 또는 설명에 알맞은 말을 [보기]에서 찾아 쓰세요.

보기

전차, 증기선, 가마

① 증기 기관의 힘으로 이동하는 배

② 작은 집 모양의 타는 것

③ 전기의 힘으로 궤도 위를 다니는 차

🌷 내가 자주 이용하는 교통수단 한 가지를 설명해 보세요.

예 내가 자주 이용하는 교통수단은 지하철이다. 버스나 자동차에 비해 빠르기도 하고, 비용도 저렴해서 이동할 때 자주 이용한다.

내가 자주 이용하는 교통수단은

🌷 논술 주제에 관한 갈라와 달라의 생각을 살펴봐요.

> 교통수단에 따라 사람들의 생활 모습이 변한다.
>
> 교통수단에 따라 사람들의 생활 모습이 변하지 않는다.

갈라
"교통수단에 따라 사람들의 생활 모습이 변한다."

이유1
지역 간에 이동하는 시간이 짧아져서 다른 고장으로 일하러 가는 사람들이 늘어나기 때문이다.

이유2
교통수단의 발달로 다양한 지역 사람들이 우리 고장에 오기도 하고, 우리 고장 사람들이 다른 지역으로 여행을 가기도 하기 때문이다.

달라
"교통수단에 따라 사람들의 생활 모습이 변하지 않는다."

이유1
사람들이 사는 기본적인 생활 모습은 쉽게 변하지 않기 때문이다.

이유2
교통수단이 발달해도 어차피 사람들은 집, 학교, 직장 주변의 사람들과만 가깝게 지내기 때문이다.

미리 배우는 사회 교과 지식

옛날 사람들은 가마, 말, 당나귀, 달구지와 같은 교통수단을 이용했어요. 사람이나 동물의 힘을 이용한 것들이었죠. 그러다 기계의 힘을 이용하는 교통수단이 생기게 되었어요. 오늘날의 사람들이 이용하는 고속 열차, 버스, 비행기와 같은 다양한 교통수단은 모두 기계의 힘을 이용한 것들이죠. 옛날과 오늘날의 교통수단 변화에 따라 사람들의 생활 모습도 변했다고 생각하나요? 만약 그렇다면 어떻게 변하게 되었을까요?

🌷 **내 생각을 글쓰기로 완성해요.**

① 질문에 대해 간단하게 답을 쓰며 생각을 틔워요.

나의 선택은?	나는 (갈라 , 달라)의 생각에 (동의한다.)
그렇게 생각하는 이유는?	
다른 이유가 있다면?	
내 생각을 다시 말하자면?	

② 내 생각을 줄글로 써요.

08 통신수단에 따라 사람들의 생활 모습이 변했을까?

초등 3학년 1학기 사회 3단원 ⇒ 교통과 통신수단의 변화

🌸 사회 교과 어휘의 뜻을 살펴봐요.

통신수단
通信手段

: 멀리 떨어진 사람에게 소식을 전할 때 쓰는 수단

🌸 교과서 속 문장을 소리 내어 읽어요.

> 우리가 가장 자주 사용하는 통신수단은 스마트폰입니다.
> 통신수단의 발달은 지역 간의 거리 차이를 줄여 줬습니다.
> 옛날에는 북이나 나팔과 같은 통신수단을 사용했습니다.
> 미래에는 어떤 통신수단을 사용하게 될지 생각해 봅시다.

🌸 어휘를 따라 쓰며 예문으로 어휘를 익혀요.

👧 옛날에는 어떤 [통][신][수][단] 을 이용했을까?

👧 오늘날과는 조금 다른 방법으로 [통][신] 을 했지. 봉수, 파발, 서찰 같은 방식으로 말이야.

👧 오늘날 사람들이 사용하는 대표적인 [통][신][수][단] 은 스마트폰 맞지?

🌷 어울리는 어휘를 찾아 선으로 연결하세요.

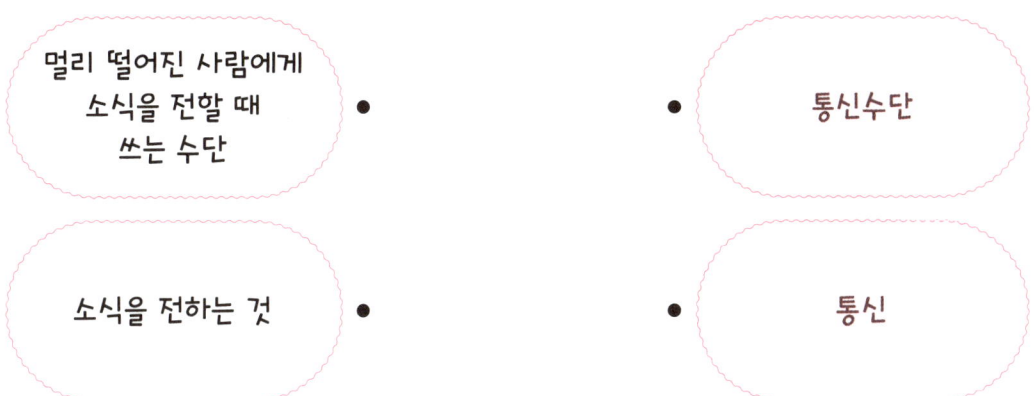

🌷 다음 뜻 또는 설명에 알맞은 말을 [보기]에서 찾아 쓰세요.

| 보기 | 봉수, 파발, 서찰 |

① 낮에는 연기, 밤에는 횃불로 소식을 전하는 것

② 말을 타고 소식을 전하는 것

③ 사람을 통해 편지로 소식을 전하는 것

🌷 스마트폰이라는 통신수단의 장점을 한 가지 설명해 보세요.

| 예 | 스마트폰이라는 통신수단의 장점은 사용 방법이 간단하다는 것이다. 터치만 몇 번만 하면 다른 나라에 있는 사람과도 문자를 주고받거나, 얼굴을 보며 전화할 수 있다. |

스마트폰이라는 통신수단의 장점은

🌷 논술 주제에 관한 갈라와 달라의 생각을 살펴봐요.

> **통신수단에 따라 사람들의 생활 모습이 변한다.**
> VS
> **통신수단에 따라 사람들의 생활 모습이 변하지 않는다.**

갈라
"통신수단에 따라 사람들의 생활 모습이 변한다."

이유1
통신수단이 바뀌면 문자에서 전화처럼 사람들이 정보를 주고받는 방식이 바뀌기 때문이다.

이유2
통신수단이 변하면서 상점에서만 살 수 있던 물건을 온라인 쇼핑으로도 살 수 있게 되었기 때문이다.

달라
"통신수단에 따라 사람들의 생활 모습이 변하지 않는다."

이유1
스마트폰을 거의 사용하지 않고 살고 있는 사람도 많기 때문이다.

이유2
인터넷, SNS 등이 발달해도 어차피 사람들은 자신의 주변 사람들과만 가깝게 지내기 때문이다.

미리 배우는 사회 교과 지식

옛날 사람들은 북, 봉수, 파발, 비둘기와 같은 통신수단을 이용했어요. 교통수단처럼 사람이나 동물의 힘을 이용한 것들이었죠. 기술의 발달로 인해 오늘날 사용하는 통신수단들에는 모두 기계의 힘이 들어가 있어요. 스마트폰으로 전화하거나 문자를 주고받는 것, 애플리케이션으로 음식을 주문하는 것, 전자 우편으로 생각을 주고받는 것까지. 통신수단의 발달로 사람들의 생활 모습은 달라졌을까요?

🌷 **내 생각을 글쓰기로 완성해요.**

① 질문에 대해 간단하게 답을 쓰며 생각을 틔워요.

나의 선택은?	나는 (갈라 , 달라)의 생각에 (동의한다.)
그렇게 생각하는 이유는?	
다른 이유가 있다면?	
내 생각을 다시 말하자면?	

② 내 생각을 줄글로 써요.

09

초등 3학년 1학기 사회 2단원 ⇒ 우리가 알아보는 고장 이야기

오래된 역사 자료가 요즘에도 필요할까?

🌷 사회 교과 어휘의 뜻을 살펴봐요.

역사 자료
歷史 資料

: 역사를 연구하는 데 필요한 자료(책, 문서, 유물, 건축 등)

🌷 교과서 속 문장을 소리 내어 읽어요.

> 역사를 연구하기 위해서는 역사 자료가 필요합니다.
> 역사 자료는 한자어로 사료(史料)라고 부릅니다.
> 많이 활용되는 역사 자료는 책이나 문서입니다.
> 우리 고장과 관련된 역사 자료가 무엇이 있는지 살펴봅시다.

🌷 어휘를 따라 쓰며 예문으로 어휘를 익혀요.

- 우리 지역이 변화한 모습을 알려 주는 역 사 자 료 에는 어떤 것들이 있을까?

- 지도나 책처럼 글과 그림으로 된 역 사 자 료 들은 어때?

- 아주 오래전 모습이 아니라면 영상으로 된 역 사 자 료 도 있지 않을까?

🌷 어울리는 어휘를 찾아 선으로 연결하세요.

| 옛날에 있었던 일들을 후손들을 위해 기록한 것 | • | • | 역사 자료 |
| 옛날에 있었던 일들을 알아보는 데 필요한 자료 | • | • | 역사 |

🌷 다음 뜻 또는 설명에 알맞은 말을 [보기]에서 찾아 쓰세요.

보기: 훈민정음해례본, 고려청자, 연표

① 고려시대에 만들어진 푸른 자기

② 훈민정음을 알리기 위한 책

③ 역사 속 사건을 시간 순서로 적은 표

🌷 역사 자료를 이용해 공부하는 것의 좋은 점을 설명해 보세요.

예: 역사 자료를 이용해 공부하면 오래전에 있던 물건들을 직접 보거나 사진을 볼 수 있어 생동감을 느낄 수 있다.

역사 자료를 이용해 공부하면

🌷 논술 주제에 관한 갈라와 달라의 생각을 살펴봐요.

오래된 역사 자료가 요즘에도 필요하다.

오래된 역사 자료가 요즘에는 필요하지 않다.

갈라

"오래된 역사 자료가 요즘에도 필요하다."

이유1
역사 자료 안에 우리 조상들의 이야기가 담겨 있기 때문이다.

이유2
역사 자료는 그 자체로 훌륭한 문화유산이기 때문이다.

달라

"오래된 역사 자료가 요즘에는 필요하지 않다."

이유1
새롭게 만들어진 자료를 볼 시간도 부족하기 때문이다.

이유2
과거는 과거일 뿐, 아주 오래된 자료는 필요한 곳이 별로 없기 때문이다.

미리 배우는 사회 교과 지식

우리 지역에 살았던 사람들의 생활 모습, 우리 지역의 자연환경, 우리 지역과 관련된 인물을 알아보는 방법의 하나는 우리 지역의 옛이야기나 관련된 책을 살펴보는 것이에요. 또 다른 방법에는 우리 지역의 옛날 사진이나 영상을 찾아보는 방법도 있겠네요. 우리 지역과 관련된 이야기, 책, 사진, 영상 이런 것들이 모두 역사 자료겠죠? 자, 그럼 생각해 봐요. 역사 자료는 필요한 것일까요?

🌷 **내 생각을 글쓰기로 완성해요.**

① 질문에 대해 간단하게 답을 쓰며 생각을 틔워요.

나의 선택은?	나는 (갈라 / 달라)의 생각에 (동의한다.)
그렇게 생각하는 이유는?	
다른 이유가 있다면?	
내 생각을 다시 말하자면?	

② 내 생각을 줄글로 써요.

10. 명절마다 차례를 지내야 할까?

초등 3학년 2학기 사회 2단원 ⇒ 시대마다 다른 삶의 모습

🌷 사회 교과 어휘의 뜻을 살펴봐요.

명절
名節

: 해마다 기념하는 날

🌷 교과서 속 문장을 소리 내어 읽어요.

> 우리나라의 대표적인 명절은 설과 추석입니다.
> 추석에는 명절에 지내는 제사인 차례를 지냅니다.
> 음력 1월 1일은 설이라는 명절입니다.
> 옛날에는 오늘날에 비해 명절을 크게 쇠었습니다.

🌷 어휘를 따라 쓰며 예문으로 어휘를 익혀요.

- 나는 지난 명절 에 할머니 댁에 다녀왔어.
- 정말? 나도 할머니 댁에서 차례 를 지냈는데.
- 나는 우리 집이 큰집이라서 명절 마다 온 가족이 우리 집으로 모여.

🌷 어울리는 어휘를 찾아 선으로 연결하세요.

| 해마다 기념하는 날 | • | • | 차례 |
| 명절에 지내는 제사 | • | • | 명절 |

🌷 다음 뜻 또는 설명에 알맞은 말을 [보기]에서 찾아 쓰세요.

> **보기**
>
> 설, 추석, 단오

① 음력 1월 1일

② 음력 8월 15일

③ 음력 5월 5일

🌷 명절이 필요하다고 생각하는 이유를 써 보세요.

> **예** 명절이 필요한 이유는 명절이 있어야 가족들을 만날 수 있기 때문이다. 만약 설이나 추석이 없었다면 친척들을 만날 기회가 없었을 것이다.

명절이 필요한 이유는

🌸 논술 주제에 관한 갈라와 달라의 생각을 살펴봐요.

> 명절마다 차례를 지내야 한다.
>
> 명절마다 차례를 지내지 않아도 괜찮다.

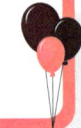

갈라

"명절마다 차례를 지내야 한다."

이유1
차례는 우리나라의 고유한 문화이며 전통이기 때문이다.

이유2
차례를 준비하고, 지내면서 가족 구성원들과 가까워질 수 있기 때문이다.

달라

"명절마다 차례를 지내지 않아도 괜찮다."

이유1
차례를 지내는 것은 후손들이 선택할 수 있는 것이기 때문이다.

이유2
차례를 지내려면 시간도, 비용도 많이 필요하기 때문이다.

미리 배우는 사회 교과 지식

옛날 사람들은 명절마다 조상들에게 차례를 지내고, 조상들을 위해 준비한 음식들을 가족들과 함께 나누어 먹었다고 해요. 그런데 오늘날에는 차례를 지내지 않는 가정들도 늘어났고, 차례를 지내더라도 예전처럼 많은 음식을 준비하지 않고 간단하게 준비하는 경우가 많아졌죠. 여러분의 가정에서는 어떻게 차례를 지내고 있나요? 부모님과 함께 오늘 주제에 관해 이야기를 나눠 보세요.

🌷 **내 생각을 글쓰기로 완성해요.**

① 질문에 대해 간단하게 답을 쓰며 생각을 틔워요.

나의 선택은?	나는 (갈라 / 달라)의 생각에 (동의한다.)
그렇게 생각하는 이유는?	
다른 이유가 있다면?	
내 생각을 다시 말하자면?	

② 내 생각을 줄글로 써요.

11 모내기가 김매기보다 힘들까?

초등 3학년 2학기 사회 2단원 ⇒ 시대마다 다른 삶의 모습

🌷 사회 교과 어휘의 뜻을 살펴봐요.

모내기
: 못자리에 있는 모를 논으로 옮겨 심는 일

🌷 교과서 속 문장을 소리 내어 읽어요.

> 요즘 농촌에서는 모내기할 일손이 부족하다고 합니다.
> 모내기를 시작한 날로 보름 정도 뒤에 김매기를 시작합니다.
> 옛날에는 이웃들과 서로 도우며 모내기를 함께 했습니다.
> 오늘날에는 기계를 이용하여 모내기를 할 수 있습니다.

🌷 어휘를 따라 쓰며 예문으로 어휘를 익혀요.

- 요즘 농촌에서는 모내기 가 한창이라고 해.
- 모내기와는 김매기 는 서로 다른 거야?
- 물론 다르지. 모내기 는 논에 모를 심는 거고, 김매기 는 논에 있는 잡초를 뽑는 일이니까.

🌷 어울리는 어휘를 찾아 선으로 연결하세요.

| 못자리에 있는 모를 논으로 옮겨 심는 일 | • | • | 모내기 |

| 논이나 밭에 난 잡초를 뽑는 일 | • | • | 김매기 |

🌷 다음 뜻 또는 설명에 알맞은 말을 [보기]에서 찾아 쓰세요.

보기

수확, 풍년, 모

① 익은 농작물을 모으는 일

② 옮겨심기 위해 가꾼 벼의 싹

③ 곡식이 아주 잘 자란 해

🌷 농사지을 때 김매기가 필요한 이유를 써 보세요.

예 김매기가 필요한 이유는 김매기를 하면 해충들이 줄어들기 때문이다. 해로운 곤충들이 없어지면 내가 키우는 농작물이 더 튼튼하게 자랄 수 있다.

김매기가 필요한 이유는

🌷 논술 주제에 관한 갈라와 달라의 생각을 살펴봐요.

> 모내기가 김매기보다 힘들다.
> vs
> 김매기가 모내기보다 힘들다.

갈라

"모내기가 김매기보다 힘들다."

이유1
모내기하려면 땅을 파야 하기 때문이다.

이유2
모내기는 줄을 잘 맞춰서 알맞게 모를 옮겨 심어야 하기 때문이다.

달라

"김매기가 모내기보다 힘들다."

이유1
김매기는 호미로 잡초를 파내야 해서 힘들기 때문이다.

이유2
김매기는 더운 날에 허리를 구부리고 해야 하기 때문이다.

미리 배우는 사회 교과 지식

모내기와 김매기, 2가지 모두 직접 경험해 본 적이 없기 때문에 선택하기 어려울 거예요. 그래서 오늘 주제는 영상을 통해 모내기와 김매기를 하는 모습을 찾아본 다음, 머릿속으로 더 힘든 일을 골라야 해요. 유튜브에서 '모내기', '김매기' 영상을 검색해 보세요. 2가지 일이 진행되는 과정을 본다면 더 선택하기 쉬울 거예요. 영상을 보기 어렵다면 부모님께 모내기와 김매기에 관해 물어보세요.

🌷 **내 생각을 글쓰기로 완성해요.**

① 질문에 대해 간단하게 답을 쓰며 생각을 틔워요.

나의 선택은?	나는 (갈라 / 달라)의 생각에 (동의한다.)
그렇게 생각하는 이유는?	
다른 이유가 있다면?	
내 생각을 다시 말하자면?	

② 내 생각을 줄글로 써요.

3
지도를 이용하여 우리 지역을 배워 볼까?

12 지도에 방위표가 꼭 필요할까?

초등 4학년 1학기 사회 1단원 ⇒ 지역의 위치와 특성

🌷 사회 교과 어휘의 뜻을 살펴봐요.

방위표
方位表

: 방위를 나타내는 표

🌷 교과서 속 문장을 소리 내어 읽어요.

> 지도에서는 방위를 나타내기 위해 방위표를 사용합니다.
> 일반적인 지도에서는 4방위표나 8방위표를 사용합니다.
> 지도에 방위표가 없을 때는 보통 지도의 위쪽이 북쪽입니다.
> 지도에서 여러 장소의 위치를 찾을 때 방위표가 유용합니다.

🌷 어휘를 따라 쓰며 예문으로 어휘를 익혀요.

지도에서 방위 를 알려면 어떻게 해야 해?

방위표 를 찾아봐. 그러면 동서남북 방향을 알 수 있을 거야. 방위표는 보통 지도의 모서리 쪽에 있어.

이 지도에는 방위표 가 없는 거 같은데, 이럴 때는 방향을 어떻게 알 수 있는 거야?

🌷 어울리는 어휘를 찾아 선으로 연결하세요.

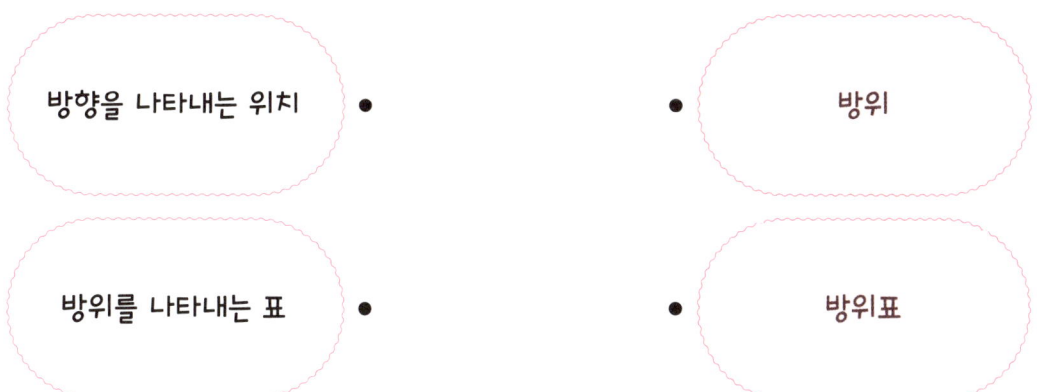

🌷 다음 그림에 알맞은 말을 [보기]에서 찾아 쓰세요.

| 보기 | 4방위표, 8방위표, 16방위표 |

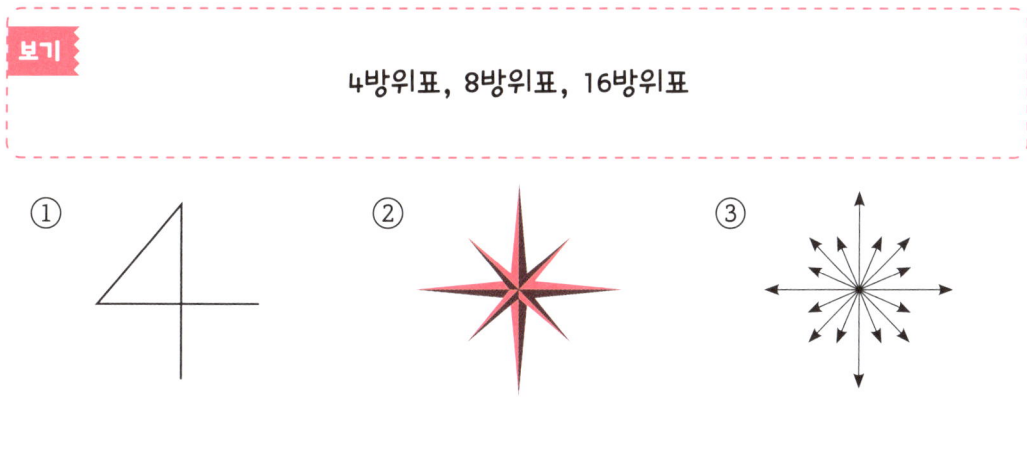

🌷 지도에 방위표가 필요한 이유를 써 보세요.

> 예   지도에 방위표가 필요한 이유는 지도를 통해 찾고자 하는 곳의 위치를 정확히 알기 위해서다. 방위표가 있어야 그곳이 북쪽에 있는지, 남쪽에 있는지를 알 수 있다.

지도에 방위표가 필요한 이유는

🌷 논술 주제에 관한 갈라와 달라의 생각을 살펴봐요.

> 지도에 방위표가 꼭 필요하다.
>
> 지도에 방위표가 꼭 필요하진 않다.

갈라

"지도에 방위표가 꼭 필요하다."

이유1
방위표를 보고 동서남북 방향을 쉽게 알 수 있기 때문이다.

이유2
8방위표, 12방위표가 있으면 장소를 설명하기 쉽기 때문이다.

달라

"지도에 방위표가 꼭 필요하진 않다."

이유1
방위표가 없어도 지도의 위쪽이 북쪽이라는 것을 알 수 있기 때문이다.

이유2
방위표는 지도를 볼 때 그다지 중요하지 않은 정보를 주기 때문이다.

미리 배우는 사회 교과 지식

지도에서 방향을 가리키는 말이 '방위'예요. 만약, 방위를 알지 못한다면 친구에게 우리 집에서 마트가 어느 쪽에 있는지, 학교가 어느 방향에 있는지를 설명할 때 표현하기 어렵지 않을까요? 방위표를 정확하게 읽을 수 있는 사람은 지도를 잘 읽는 사람이라고 할 수 있어요.

🌷 **내 생각을 글쓰기로 완성해요.**

① 질문에 대해 간단하게 답을 쓰며 생각을 틔워요.

나의 선택은?	나는 (갈라 , 달라)의 생각에 (동의한다.)
그렇게 생각하는 이유는?	
다른 이유가 있다면?	
내 생각을 다시 말하자면?	

② 내 생각을 줄글로 써요.

13

초등 4학년 1학기 사회 1단원 ⇒ 지역의 위치와 특성

범례가 있는 지도가 좋은 지도일까?

🌷 사회 교과 어휘의 뜻을 살펴봐요.

범례
凡例

: 지도에서 사용하는 기호와 기호의 뜻

🌷 교과서 속 문장을 소리 내어 읽어요.

> ★ 범례가 있는 지도는 읽기 쉽습니다.
> 범례는 지도 속 기호와 기호에 대한 설명을 가리키는 말입니다.
> 범례를 잘 살펴보면 길을 찾을 수 있습니다.
> 범례를 읽을 수 있다면 기호를 외울 필요가 없습니다.

🌷 어휘를 따라 쓰며 예문으로 어휘를 익혀요.

 너희들은 지도에 있는 기 호 의 뜻을 다 알고 있니?

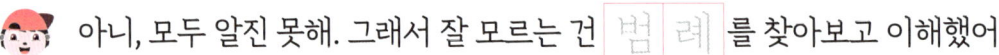 아니, 모두 알진 못해. 그래서 잘 모르는 건 범 례 를 찾아보고 이해했어.

 나는 학교, 과수원, 다리, 병원, 교회 같은 간단한 기 호 는 알고 있어.

🌷 어울리는 어휘를 찾아 선으로 연결하세요.

| 지도에서 사용하는 기호와 기호의 뜻 | • | • | 범례 |
| 지도에서 어떤 뜻을 나타낼 때 사용하는 부호나 간단한 그림 | • | • | 기호 |

🌷 다음 그림에 알맞은 말을 [보기]에서 찾아 쓰세요.

| 보기 | 과수원, 학교, 병원 |

①   ②   ③

🌷 지도에 범례가 필요한 이유를 써 보세요.

> **예**   지도에 범례가 필요한 이유는 지도 속에 모든 지리 정보를 담을 수 없기 때문이다. 기호와 기호에 대한 설명으로 간단하게 나타내야만 가능한 많은 정보를 지도에 담을 수 있다.

지도에 범례가 필요한 이유는

🌷 논술 주제에 관한 갈라와 달라의 생각을 살펴봐요.

> 범례가 있는 지도가 좋은 지도다.
>
> 범례가 없는 지도가 좋은 지도다.

갈라

"범례가 있는 지도가 좋은 지도다."

이유1
범례를 이용하면 지도에 있는 정보를 쉽게 이해할 수 있기 때문이다.

이유2
범례가 있는 다른 지도와 비교하면서 지도를 읽을 수 있기 때문이다.

달라

"범례가 없는 지도가 좋은 지도다."

이유1
지도를 보는 사람들이 지도를 더 자세히 살펴보게 만들어 주기 때문이다.

이유2
지도를 보는 사람들의 생각·필요에 따라 창의적으로 생각할 기회를 주기 때문이다.

미리 배우는 사회 교과 지식

지도를 잘 읽으려면 지도에 사용된 기호를 모두 외워야 한다고 생각하는 경우가 있어요. 그런데 기호가 사용된 지도에는 대부분 범례가 함께 있어요. 그래서 모든 기호를 외울 필요는 없어요. 범례를 잘 살펴보면, 어떤 게 하천이고, 어떤 게 도로인지 쉽게 이해할 수 있으니까요. 범례는 지도에 나타난 정보를 이해하는 데 도움을 주어요.

🌷 **내 생각을 글쓰기로 완성해요.**

① 질문에 대해 간단하게 답을 쓰며 생각을 틔워요.

나의 선택은?	나는 (갈라 / 달라)의 생각에 (동의한다.)
그렇게 생각하는 이유는?	
다른 이유가 있다면?	
내 생각을 다시 말하자면?	

② 내 생각을 줄글로 써요.

14 대축척 지도가 소축척 지도보다 보기 편할까?

초등 4학년 1학기 사회 1단원 ⇒ 지역의 위치와 특성

🌷 사회 교과 어휘의 뜻을 살펴봐요.

축척
縮尺

: 지도에서 사용하는 실제 거리를 줄여서 나타낸 정도

🌷 교과서 속 문장을 소리 내어 읽어요.

> 축척은 1:50,000이나 1:25,000처럼 표현합니다.
> 지도의 자세한 정도는 축척에 따라 달라집니다.
> 지도 속 축척을 살펴보면 떨어진 두 곳 사이의 실제 거리를 알 수 있습니다.
> 실제 거리를 많이 줄인 (축척이 작은) 지도를 소축척 지도라고 하고, 적게 줄인 (축척이 큰) 지도를 대축척 지도라고 합니다.

🌷 어휘를 따라 쓰며 예문으로 어휘를 익혀요.

- 축 척 에 따라 지도의 생김새가 달라진다는 것을 알고 있니?

- 물론이지. 좁은 지역을 자세하게 나타내는 게 대 축 척 지 도 , 넓은 지역을 간단하게 나타내는 게 소축척 지도 맞지?

- 정확히 알고 있네! 우리나라 전체를 보려면 축 척 이 작은 지도를 봐야 하는 것도 알고 있지?

🌷 어울리는 어휘를 찾아 선으로 연결하세요.

큰 범위를 작게(小) 나타낸 지도	•	•	대축척 지도
작은 범위를 크게(大) 나타낸 지도	•	•	소축척 지도

🌷 다음 뜻 또는 설명에 알맞은 말을 [보기]에서 찾아 쓰세요.

보기

막대자, 비례식, 면적

① 1:50,000

② 어떤 공간을 차지하는 크기

③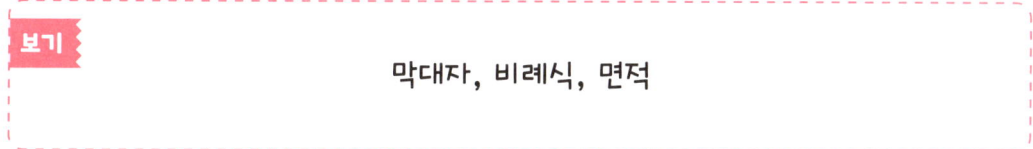

🌷 지도에서 실제 거리를 줄여서 나타내는 이유를 써 보세요.

예 지도에서 실제 거리를 줄여서 나타내는 이유는 실제 거리만큼 커다란 지도를 만들 수 없기 때문이다. 그래서 지도에서는 축척을 이용하여 실제 거리를 줄여서 나타낸다.

지도에서 실제 거리를 줄여서 나타내는 이유는

🌷 논술 주제에 관한 갈라와 달라의 생각을 살펴봐요.

> 대축척 지도가 소축척 지도보다 보기 편하다.
> VS
> 소축척 지도가 대축척 지도보다 보기 편하다.

갈라

"대축척 지도가 소축척 지도보다 보기 편하다."

이유1
찾아보고 싶었던 지역을 더욱 자세히 볼 수 있기 때문이다.

이유2
찾고 싶은 지역에 있는 장소들을 구체적이고 분명하게 알 수 있기 때문이다.

달라

"소축척 지도가 대축척 지도보다 보기 편하다."

이유1
대축척 지도와 비교해 더 넓은 지역을 볼 수 있기 때문이다.

이유2
전체와 부분이 어떤 관계가 있는지를 알아보기 쉽기 때문이다.

미리 배우는 사회 교과 지식

초등학교 교과서에서는 '대축척', '소축척'이라는 단어를 사용하지 않습니다. 한자어여서 너무 어렵게 느껴지기 때문이죠. 여러분은 이렇게 생각해 보세요. 큰 범위를 작게(小) 나타낸 지도는 우리 지역의 위치를 알 때 유용하고, 작은 범위를 크게(大) 나타낸 지도는 우리 지역을 자세하게 살펴볼 때 유용하다는 정도로 기억하면 좋을 것 같아요.

🌷 내 생각을 글쓰기로 완성해요.

① 질문에 대해 간단하게 답을 쓰며 생각을 틔워요.

나의 선택은?	나는 (갈라 , 달라)의 생각에 (동의한다.)
그렇게 생각하는 이유는?	
다른 이유가 있다면?	
내 생각을 다시 말하자면?	

② 내 생각을 줄글로 써요.

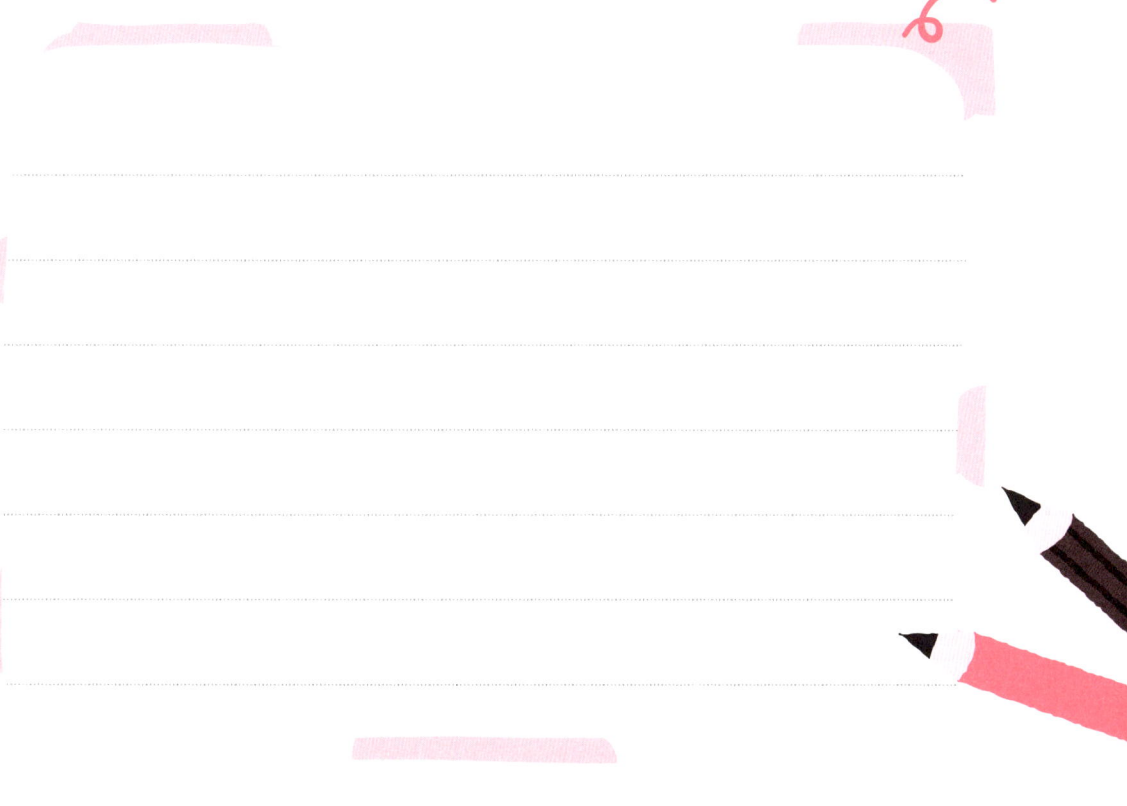

15

초등 4학년 1학기 사회 1단원 ⇒ 지역의 위치와 특성

땅의 높낮이는 등고선으로 보는 게 편할까?

🌸 사회 교과 어휘의 뜻을 살펴봐요.

등고선
等高線

: 지도에서 사용하는, 땅의 높이가 같은 곳을 연결한 선

🌸 교과서 속 문장을 소리 내어 읽어요.

> 바다의 수면을 기준으로 같은 높이인 곳을 연결한 것을 등고선이라고 합니다.
> 등고선과 색깔을 이용해서 땅의 높낮이를 표현할 수 있습니다.
> 등고선의 간격을 살펴보면 땅의 높고, 낮음을 알 수 있습니다.
> 등고선의 간격이 좁은 곳은 경사가 급한 곳입니다.

🌸 어휘를 따라 쓰며 예문으로 어휘를 익혀요.

같은 해 발 고 도 인 곳을 연결한 게 등고선이라고 했지?

맞아. 그래서 등 고 선 을 보면 어떤 곳이 높고 낮은지를 알 수 있어.

 등 고 선 간격이 넓은 곳이 경사가 완만한 곳 맞지?

🌷 어울리는 어휘를 찾아 선으로 연결하세요.

| 지도에서 사용하는, 땅의 높이가 같은 곳을 연결한 선 | • | • | 등고선 |

| 평균 해수면을 기준으로 잰 육지나 산의 높이 | • | • | 해발고도 |

🌷 다음 뜻 또는 설명에 알맞은 말을 [보기]에서 찾아 쓰세요.

보기

급경사, 완경사, 해수면

① 경사가 가파른 곳

② 바닷물의 표면

③ 경사가 완만한 곳

🌷 지도에 등고선이 필요한 이유를 써 보세요.

예 지도에 등고선이 필요한 이유는 등고선이 나타나 있어야 높낮이를 알 수 있기 때문이다. 높낮이를 알지 못한다면 높은 곳과 낮은 곳을 구분하지 못해 불편할 것이다.

지도에 등고선이 필요한 이유는

🌷 논술 주제에 관한 갈라와 달라의 생각을 살펴봐요.

> 땅의 높낮이는 등고선으로 보는 게 편하다.
>
> 땅의 높낮이는 색깔로 보는 게 편하다.

갈라

"땅의 높낮이는 등고선으로 보는 게 편하다."

이유1
등고선의 간격이 좁고, 넓은지로 땅의 높낮이를 쉽게 알 수 있기 때문이다.

이유2
등고선으로 보면 땅의 높낮이를 더 정확하게 알 수 있기 때문이다.

달라

"땅의 높낮이는 색깔로 보는 게 편하다."

이유1
색깔이 진한 갈색인 곳이 높은 곳이고, 초록색이 낮은 곳이라는 걸 쉽게 알 수 있기 때문이다.

이유2
색깔로 보면 땅의 높낮이를 더 빠르고 쉽게 알 수 있기 때문이다.

미리 배우는 사회 교과 지식

등고선과 색깔은 지도에서 땅의 높낮이를 나타내는 2가지 방법이에요. 등고선의 간격이 좁은 곳은 땅의 높이가 가파른 곳이고, 넓은 곳은 땅의 높이가 완만한 곳이죠. 갈색으로 표시된 곳은 땅의 높이가 높은 곳, 연두색으로 표시된 곳은 땅의 높이가 낮은 곳이에요. 땅의 높낮이를 나타내는 등고선과 색깔, 2가지 중 여러분은 어떤 게 더 이해하기 편한가요?

🌷 **내 생각을 글쓰기로 완성해요.**

① 질문에 대해 간단하게 답을 쓰며 생각을 틔워요.

나의 선택은?	나는 (갈라 / 달라)의 생각에 (동의한다.)
그렇게 생각하는 이유는?	
다른 이유가 있다면?	
내 생각을 다시 말하자면?	

② 내 생각을 줄글로 써요.

16. 백지도와 약도 중에서 어떤 게 더 쓸모 있을까?

초등 4학년 1학기 사회 1단원 ⇒ 지역의 위치와 특성

🌸 사회 교과 어휘의 뜻을 살펴봐요.

백지도
白地圖

: 길, 산, 강 등의 모습을 밑그림처럼 대강 그린 지도

🌸 교과서 속 문장을 소리 내어 읽어요.

> 백지도는 정보를 넣어 지도를 만들기 위한 지도입니다.
> 백지도에는 기본적인 지도이므로 글자가 쓰여 있지 않습니다.
> 우리 고장의 백지도에 정보를 써 넣으며 배운 내용을 정리해 봅시다.
> 우리 지역의 중심지를 백지도에 표시해 봅시다.

🌸 어휘를 따라 쓰며 예문으로 어휘를 익혀요.

👧 　백 　지 　도 　는 어떤 정보도 없는 비어 있는 지도야.

🧒 필요한 목적에 따라 정보가 들어 있는 　약 　도 　와는 다른 지도구나.

👩 그렇지. 대신 　백 　지 　도 　에 어떤 내용을 쓰느냐에 따라 관광 지도가 되기도, 인구분포도가 되기도 하지.

🌷 어울리는 어휘를 찾아 선으로 연결하세요.

- 중요한 내용만 담아 간단하게 그린 지도 •   • 약도
- 길, 산, 강 등의 모습을 밑그림처럼 대강 그린 지도 •   • 백지도

🌷 다음 뜻 또는 설명에 알맞은 말을 [보기]에서 찾아 쓰세요.

보기 일반도, 주제도, 지도

① 지구의 표면을 줄여 기호를 이용해 평면에 그린 그림

② 인구분포도, 기상도처럼 특정 주제를 나타내기 위한 지도

③ 우리나라 전도처럼 일반적으로 흔히 볼 수 있는 지도

🌷 백지도에 채워 넣고 싶은 내용을 써 보세요.

예 백지도에 채워 넣고 싶은 내용은 우리 고장에서 가 볼 만한 곳이다. 구경하기 좋은 곳, 경치가 좋은 곳, 맛집이 있는 곳 등을 백지도에 나타내고 싶다.

백지도에 채워 넣고 싶은 내용은

🌸 논술 주제에 관한 갈라와 달라의 생각을 살펴봐요.

> 백지도가 약도보다 쓸모 있다.
>
> 약도가 백지도보다 쓸모 있다.

갈라

"백지도가 약도보다 쓸모 있다."

이유1
백지도에는 밑그림만 나와 있어 내가 원하는 내용과 형식으로 지도를 채울 수 있기 때문이다.

이유2
백지도는 어떤 내용을 넣느냐에 따라 관광도, 기후도 등 주제도가 될 수 있기 때문이다.

달라

"약도가 백지도보다 쓸모 있다."

이유1
백지도에는 특별하게 나타나 있는 내용 정보가 없기 때문이다.

이유2
약도에는 도로, 주요 건물과 같이 꼭 필요한 지리 정보들만 들어 있기 때문이다.

미리 배우는 사회 교과 지식

백지도는 사회 교과서에서 자주 등장해요. 무언가 허전한 느낌을 주는 하얗게 표현된 지도죠. 허전한 이유는 그 속에 중요한 내용을 직접 적어 가며 공부할 수 있기 때문이에요. 반대로, 약도는 중요한 내용들이 다 채워져 있어요. 왜냐하면 약도는 어떤 장소의 위치를 알려 주기 위해 꼭 필요한 내용들만 간단하게 표현한 것이기 때문이죠. 예를 들어, 청첩장에 있는 결혼식장 찾아오는 지도를 본 적이 있죠? 이런 게 일상생활에서 자주 활용되는 약도예요.

🌷 **내 생각을 글쓰기로 완성해요.**

① 질문에 대해 간단하게 답을 쓰며 생각을 틔워요.

나의 선택은?	나는 (갈라 / 달라)의 생각에 (동의한다.)
그렇게 생각하는 이유는?	
다른 이유가 있다면?	
내 생각을 다시 말하자면?	

② 내 생각을 줄글로 써요.

17. 디지털 영상 지도가 종이 지도보다 보기 편할까?

초등 4학년 1학기 사회 1단원 ⇒ 지역의 위치와 특성

🌷 사회 교과 어휘의 뜻을 살펴봐요.

디지털 영상 지도
: 인공위성에서 찍은 사진을 지도로 나타낸 것

🌷 교과서 속 문장을 소리 내어 읽어요.

> 디지털 영상 지도는 위치와 관련된 정보를 디지털로 표현한 것입니다.
> 디지털 영상 지도는 인공위성이 찍은 사진으로 만듭니다.
> 디지털 영상 지도는 스마트폰, 컴퓨터 등 다양한 디지털 기기를 이용해서 사용할 수 있습니다.
> 디지털 영상 지도는 확대, 축소, 검색을 자유롭게 할 수 있습니다.

🌷 어휘를 따라 쓰며 예문으로 어휘를 익혀요.

인공위성 에서 찍은 사진을 이용해 지도처럼 바꾼 지도를 뭐라고 했지?

디지털 영상 지도 말하는 거지? 오늘 놀이동산에 올 때도 나는 이걸 사용했어.

요즘에는 스마트폰을 이용해서 디지털 영상 지도 를 볼 수 있어 참 편리해.

🌷 어울리는 어휘를 찾아 선으로 연결하세요.

- 지구 주위를 도는 인공의 물체 •   • 인공위성

- 인공위성에서 찍은 사진을 지도로 나타낸 것 •   • 디지털 영상 지도

🌷 다음 뜻 또는 설명에 알맞은 말을 [보기]에서 찾아 쓰세요.

> **보기**
> 확대 기능, 위성사진, 위치 찾기 기능

① 장소를 입력해 위치를 찾는 기능

② + 버튼을 눌러 지도를 크게 보는 기능

③ 인공위성에서 찍은 사진

🌷 디지털 영상 지도로 찾고 싶은 곳과 그 이유를 써 보세요.

> **예** 디지털 영상 지도로 찾고 싶은 곳은 우리 동네와 우리 학교이다. 그 이유는 지도에서 우리 동네와 우리 학교가 어떻게 나타나 있는지가 궁금하기 때문이다.

디지털 영상 지도로 찾고 싶은 곳은

🌷 논술 주제에 관한 갈라와 달라의 생각을 살펴봐요.

> 디지털 영상 지도가 종이 지도보다 보기 편하다.
> VS
> 종이 지도가 디지털 영상 지도보다 보기 편하다.

갈라
"디지털 영상 지도가 종이 지도보다 보기 편하다."

이유1
원할 때 확대나 축소 기능을 자유롭게 사용해 지도를 볼 수 있기 때문이다.

이유2
자동차, 대중교통, 도보로 가는 길이나 걸리는 시간을 알 수 있기 때문이다.

달라
"종이 지도가 디지털 영상 지도보다 보기 편하다."

이유1
인터넷을 사용할 수 없는 곳에서도 사용할 수 있기 때문이다.

이유2
손가락으로 짚어 가거나 쉽게 메모하며 장소의 위치를 확인할 수 있기 때문이다.

미리 배우는 사회 교과 지식

과거와 달리 요즘에는 스마트폰의 지도 애플리케이션을 이용하여 디지털 영상 지도를 쉽게 이용할 수 있어요. 보통 지도 앱에서는 [일반지도]와 [위성지도]로 구분하여 이용할 수 있는데, [위성지도]를 선택한 후 화면을 확대하면 인공위성으로 촬영한 지역의 모습을 쉽게 볼 수 있죠. 또한 '거리뷰' 기능을 이용하면 실제 도로의 모습도 자세하게 볼 수 있어요.

🌷 **내 생각을 글쓰기로 완성해요.**

① 질문에 대해 간단하게 답을 쓰며 생각을 틔워요.

나의 선택은?	나는 (갈라 / 달라)의 생각에 (동의한다.)
그렇게 생각하는 이유는?	
다른 이유가 있다면?	
내 생각을 다시 말하자면?	

② 내 생각을 줄글로 써요.

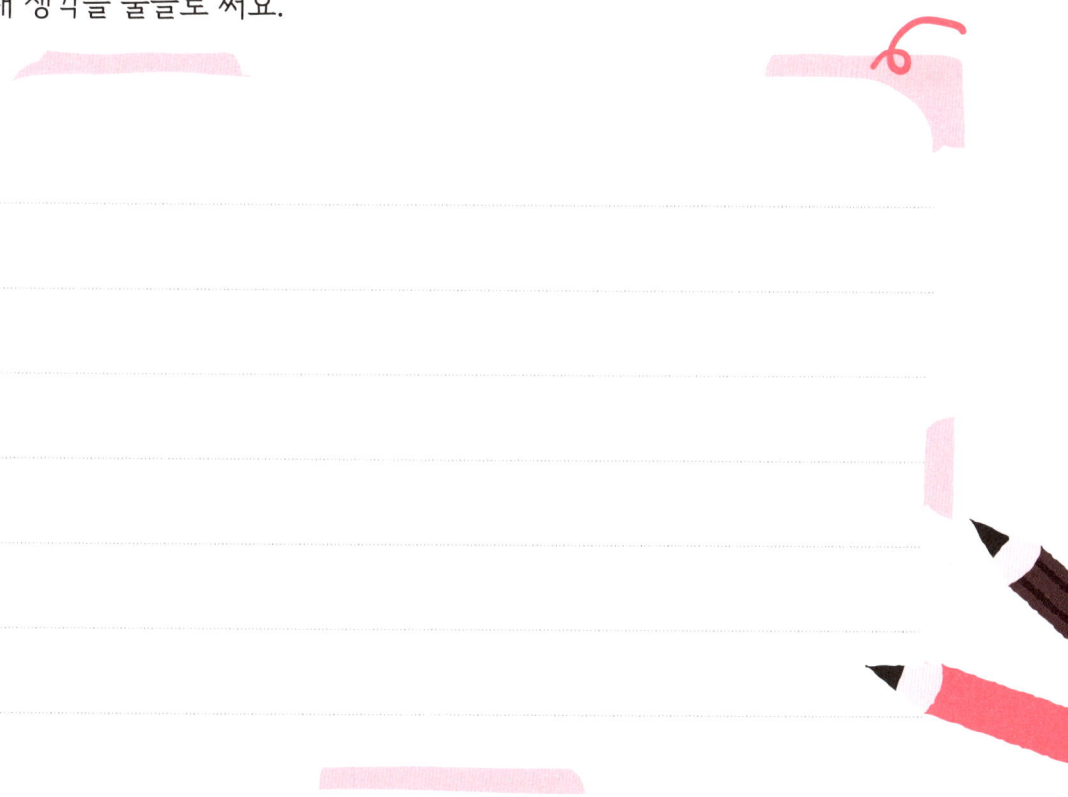

18 지리 정보를 알면 생활에 도움이 될까?

초등 4학년 1학기 사회 1단원 ⇒ 지역의 위치와 특성

🌸 사회 교과 어휘의 뜻을 살펴봐요.

지리 정보
地理 情報

: 땅 위에서 관찰할 수 있는 여러 가지 지식이나 정보

🌸 교과서 속 문장을 소리 내어 읽어요.

> 어떤 곳에 여행을 가기 전에 지리 정보를 확인해 볼 수 있습니다.
> 내비게이션은 이동할 때 자주 사용하는 지리 정보입니다.
> 요즘에는 스마트폰을 이용해 지리 정보를 찾아볼 수 있습니다.
> 다양한 지리 정보를 관리하는 체계를 지리 정보 시스템(GIS)이라고 합니다.

🌸 어휘를 따라 쓰며 예문으로 어휘를 익혀요.

- 지리 정보를 알면 강이나 산의 위치를 알 수 있어.
- 버스나 지하철 노선도, 표지판도 모두 지리 정보 맞지?
- 이제 지리 정보 시스템에 대해서도 공부해 볼까?

🌷 어울리는 어휘를 찾아 선으로 연결하세요.

| 지리 정보를 관리하는 체계 | ● | | ● | 지리 정보 시스템 |

| 땅 위에서 관찰할 수 있는 여러 가지 지식이나 정보 | ● | | ● | 지리 정보 |

🌷 다음 뜻 또는 설명에 알맞은 말을 [보기]에서 찾아 쓰세요.

> **보기**
>
> 내비게이션, 버스 도착 정보, 위성 위치 확인 시스템

① 교통정보를 제공해 운전을 돕는 기계

② 인공위성으로 물체의 위치를 알려 주는 기술

③ 버스의 위치를 파악해 도착 예정 시간 등을 알려 주는 정보

🌷 지리 정보를 이용했던 경험을 설명해 보세요.

> **예** 지리 정보를 이용했던 경험은 버스·지하철 노선도를 보고 미술관에 간 것이다. 미술관에 가는 길에 도로 표지판도 봤다.

지리 정보를 이용했던 경험은

🌷 논술 주제에 관한 갈라와 달라의 생각을 살펴봐요.

> 지리 정보를 알면 생활에 도움이 된다.
> VS
> 지리 정보를 알아도 생활에 도움이 되지 않는다.

갈라
"지리 정보를 알면 생활에 도움이 된다."

이유1
버스 도착 정보와 같은 지리 정보가 있으면 우리의 생활이 편리해지기 때문이다.

이유2
우리 지역의 면적, 인구 등을 알고 있는 것은 상식이자 사회 공부할 때도 사용되기 때문이다.

달라
"지리 정보를 알아도 생활에 도움이 되지 않는다."

이유1
초등학생들은 생활할 때 지리 정보를 이용하는 경우가 많지 않기 때문이다.

이유2
지리 정보는 평범한 사람들이 아닌 전문가들에게만 필요한 정보이기 때문이다.

미리 배우는 사회 교과 지식

우리 생활에서 자주 활용되는 지리 정보 중 하나는 내비게이션이에요. 초등학생들이 내비게이션을 보는 경우는 많지 않지만, 운전하는 성인들은 매일 이용하죠. 내비게이션은 단순히 길만 알려 주는 게 아니에요. 목적지까지 가는 데 필요한 시간, 통행료를 내고 더 빨리 가는 방법, 요금을 내지 않고 조금 더 돌아가는 방법, 교통체증이 많거나 적은 곳 등 운전하는 데 도움이 되는 무수히 많은 정보를 제공해 주어요.

🌷 **내 생각을 글쓰기로 완성해요.**

① 질문에 대해 간단하게 답을 쓰며 생각을 틔워요.

나의 선택은?	나는 (갈라 / 달라)의 생각에 (동의한다.)
그렇게 생각하는 이유는?	
다른 이유가 있다면?	
내 생각을 다시 말하자면?	

② 내 생각을 줄글로 써요.

4

우리 지역의 문화유산으로 역사를 알아볼까?

19

초등 4학년 1학기 사회 2단원 ⇒ 우리가 알아보는 지역의 역사

무형 문화유산보다 유형 문화유산이 소중할까?

🌷 사회 교과 어휘의 뜻을 살펴봐요.

문화유산
文化遺産

: 조상들이 물려준 문화 중 다음 세대에게 물려줄 가치가 있는 것

🌷 교과서 속 문장을 소리 내어 읽어요.

> 우리 지역에는 훌륭한 문화유산이 많이 있습니다.
> 문화유산 중에는 지역의 문화재로 지정된 것들도 있습니다.
> 문화유산은 무형, 유형의 문화유산으로 나눌 수 있습니다.
> 우리 고장의 문화유산을 소개하는 영상을 만들어 봅시다.

🌷 어휘를 따라 쓰며 예문으로 어휘를 익혀요.

- 가치 있는 「문화유산」을 문화재로 지정한다는 거 알고 있어?
- 물론이지. 우리 지역에도 문화재로 지정된 「유형 문화유산」, 무형 문화유산이 많이 있잖아.
- 우리 지역의 「문화유산」을 조사하기 위해 박물관으로 떠나 볼까?

🌷 어울리는 어휘를 찾아 선으로 연결하세요.

궁전이나 석탑, 절처럼 형태가 있는 문화유산 •	• 무형 문화유산
판소리 같은 예술, 장인들이 지닌 기술처럼 형태가 없는 문화유산 •	• 유형 문화유산

🌷 다음 뜻 또는 설명에 알맞은 말을 [보기]에서 찾아 쓰세요.

> **보기**
>
> 판소리, 공예품, 절

① 쓸모 있으면서도 아름다운 생활용품

② 고수와 소리꾼이 펼치는 국악 공연

③ 불상을 모시는 집

🌷 내가 알고 있는 우리나라의 유형 문화유산을 설명해 보세요.

> **예** 우리나라의 유형 문화유산에는 서울에 있는 경복궁, 숭례문 등이 있다. 경주에도 석가탑, 다보탑, 불국사 같은 곳이 있다.

우리나라의 유형 문화유산에는

🌷 논술 주제에 관한 갈라와 달라의 생각을 살펴봐요.

> 무형 문화유산보다 유형 문화유산이 소중하다.
> VS
> 유형 문화유산보다 무형 문화유산이 소중하다.

갈라

"무형 문화유산보다 유형 문화유산이 소중하다."

이유1
유형 문화유산이 형태가 있어 손으로 만질 수도 있고, 물려주기도 쉬운 유산이기 때문이다.

이유2
다른 나라 여행을 가도 무형 문화유산보다 유형 문화유산을 더 많이 구경하기 때문이다.

달라

"유형 문화유산보다 무형 문화유산이 소중하다."

이유1
무형 문화유산은 예술가나 기술자가 없어지면 사라져 버릴 가능성이 크기 때문이다.

이유2
유형 문화유산은 기술만 있다면 과거의 유산과 비슷하게 다시 만들 수 있기 때문이다.

미리 배우는 사회 교과 지식

우리 지역의 무형 문화유산과 유형 문화유산을 찾아보고 싶다면 어린이·청소년 문화재청 홈페이지(https://kids.cha.go.kr/index.do)를 이용하면 좋아요. 우리 지역을 검색하면 조사할 수 있는 다양한 문화유산을 찾아볼 수 있어요. 이러한 문화유산의 사진과 설명을 찾아보다 보면, 무형 문화유산과 유형 문화유산의 공통점과 차이점을 분명하게 알 수 있게 될 거예요.

🌷 **내 생각을 글쓰기로 완성해요.**

① 질문에 대해 간단하게 답을 쓰며 생각을 틔워요.

나의 선택은?	나는 (갈라 / 달라)의 생각에 (동의한다.)
그렇게 생각하는 이유는?	
다른 이유가 있다면?	
내 생각을 다시 말하자면?	

② 내 생각을 줄글로 써요.

20. 유적에 가면 지역의 역사를 알 수 있을까?

초등 4학년 1학기 사회 2단원 ⇒ 우리가 알아보는 지역의 역사

🌷 사회 교과 어휘의 뜻을 살펴봐요.

유적
遺跡

: 역사적인 사건이 있었던 곳, 오래된 건축물 등(크기가 너무 커서 옮길 수 없는 것)

🌷 교과서 속 문장을 소리 내어 읽어요.

> ★ 중국 상하이에는 대한민국 임시정부라는 유적이 있습니다.
> 이곳은 신라와 관련된 대표적인 유적입니다.
> 강화도에서 고인돌과 관련된 유적이 발견되었습니다.
> 우리 고장의 유적을 찾아보는 것은 고장의 역사를 이해하는 데 도움이 됩니다.

🌷 어휘를 따라 쓰며 예문으로 어휘를 익혀요.

지난번에 경주에 있는 신라시대 인 천마총에 다녀왔어.

나도 경주박물관에서 여러 가지 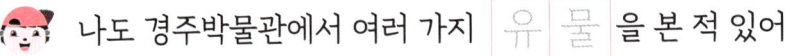 을 본 적 있어.

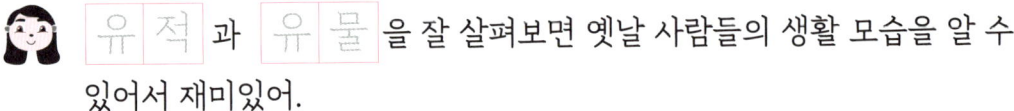 을 잘 살펴보면 옛날 사람들의 생활 모습을 알 수 있어서 재미있어.

🌷 어울리는 어휘를 찾아 선으로 연결하세요.

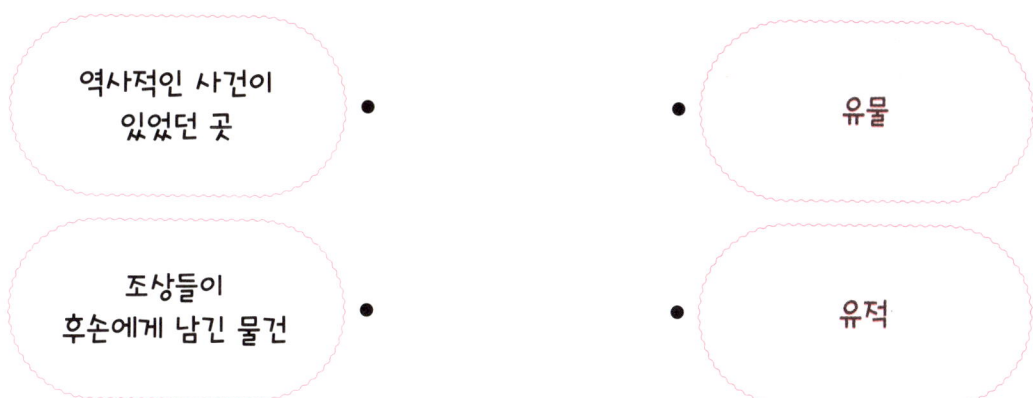

🌷 다음 뜻 또는 설명에 알맞은 말을 [보기]에서 찾아 쓰세요.

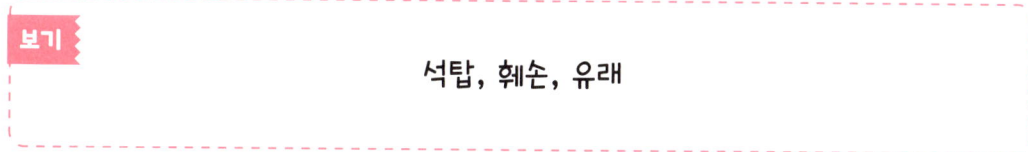

① 돌을 이용해 쌓은 탑

② 무너뜨리거나 깨뜨려 사용하지 못하게 함

③ 어떠한 일, 물건이 생겨난 것

🌷 내가 가 본 유적에 관해 설명해 보세요.

> 예) 내가 가 본 유적은 경주에 있는 다보탑과 석가탑이다. 2개의 탑은 통일신라 시대의 유명한 절인 불국사에 있다. 다보탑은 10원짜리 동전에 그려져 있는 탑이기도 하다.

내가 가 본 유적은

🌷 논술 주제에 관한 갈라와 달라의 생각을 살펴봐요.

> 유적에 가면 지역의 역사를 알 수 있다.
>
> 유적에 가도 지역의 역사를 알 수 없다.

갈라

"유적에 가면 지역의 역사를 알 수 있다."

이유1
유적은 역사적인 사건들이 일어난 장소이기 때문이다.

이유2
유적을 보면 책에서 알 수 없던 정보를 알게 되기 때문이다.

달라

"유적에 가도 지역의 역사를 알 수 없다."

이유1
유적은 오랜 시간이 지나 낡은 건축물이 되어 버렸기 때문이다.

이유2
유적만 보고 지역의 역사를 알 순 없고, 따로 자료를 찾아봐야 하기 때문이다.

미리 배우는 사회 교과 지식

문화유산을 배울 때 나왔던 '유산'과 '유적'이라는 단어의 뜻이 헷갈리나요? '유산'이라는 단어에는 사물과 문화가 모두 포함됩니다. '유적'은 어떠한 흔적이나 장소, 건축물 등을 가리키는 말이고요. '유적'보다는 '유산'이라는 단어가 더 크고, 넓은 단어라고 할 수 있겠죠? 앞에서 배운 '유적'과 '유물'도 모두 '유산'이라는 단어로 묶을 수 있어요.

🌷 **내 생각을 글쓰기로 완성해요.**

① 질문에 대해 간단하게 답을 쓰며 생각을 틔워요.

나의 선택은?	나는 (갈라 / 달라)의 생각에 (동의한다.)
그렇게 생각하는 이유는?	
다른 이유가 있다면?	
내 생각을 다시 말하자면?	

② 내 생각을 줄글로 써요.

21. 답사는 사회 공부에 도움이 될까?

초등 4학년 1학기 사회 2단원 ⇒ 우리가 알아보는 지역의 역사

🌷 사회 교과 어휘의 뜻을 살펴봐요.

답사
踏査

: 현장으로 직접 가서 살펴보고 조사하는 것

🌷 교과서 속 문장을 소리 내어 읽어요.

> 우리 지역의 문화유산을 <u>답사</u>하기로 했습니다.
> 현장에 가서 직접 보고, 듣는 것을 <u>답사</u>라고 합니다.
> <u>답사</u>가 끝난 다음에는 답사 보고서를 작성하는 게 좋습니다.
> <u>답사</u>할 때 중요한 내용은 녹음하거나 메모하는 게 좋습니다.

🌷 어휘를 따라 쓰며 예문으로 어휘를 익혀요.

👩 이번 토요일에 박물관으로 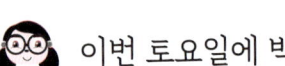 하러 가는 거 맞지?

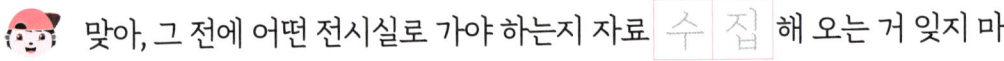

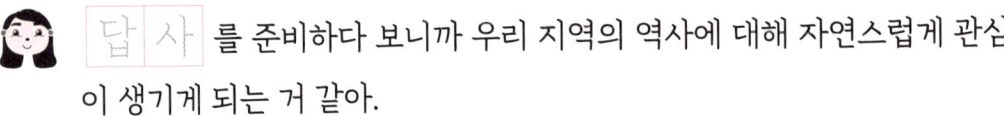

🌷 어울리는 어휘를 찾아 선으로 연결하세요.

| 여러 가지 물건, 정보 등을 모으는 것 | • | • | 답사 |
| 현장으로 직접 가서 살펴보고 조사하는 것 | • | • | 수집 |

🌷 다음 뜻 또는 설명에 알맞은 말을 [보기]에서 찾아 쓰세요.

보기

면담, 보고서, 조사

① 사람을 만나 이야기하는 것

② 어떤 내용을 알기 위해 자세히 살펴봄

③ 어떤 내용, 결과를 알리는 글

🌷 답사의 좋은 점을 설명해 보세요.

예 답사의 좋은 점은 직접 가서 볼 수 있다는 것이다. 백문불여일견이라는 고사성어처럼 백 번 듣는 것보다 한 번 보는 게 나을 수 있다. 또 인터넷이나 책에서는 찾을 수 없는 정보를 알 수도 있다.

답사의 좋은 점은

🌷 논술 주제에 관한 갈라와 달라의 생각을 살펴봐요.

> 답사는 사회 공부에 도움이 된다.
> VS
> 답사는 사회 공부에 도움이 되지 않는다.

갈라

"답사는 사회 공부에 도움이 된다."

이유1
현장에서 직접 보고 경험할 수 있기 때문이다.

이유2
답사를 통해 지역 사회의 역사 및 지역의 문제에 대해 잘 알게 되기 때문이다.

달라

"답사는 사회 공부에 도움이 되지 않는다."

이유1
답사는 짧은 시간 동안 잠깐 다녀오는 것이기 때문이다.

이유2
책으로 공부하면 짧은 시간에 알 수 있는 내용을 답사로 익히려면 시간과 비용이 많이 들기 때문이다.

미리 배우는 사회 교과 지식

우리 지역의 문화유산을 답사하기 전에 답사 계획을 꼼꼼하게 세워야 해요. 그렇지 않으면 답사가 아니라 체험학습이 되어 버릴 수 있어요. 답사할 내용을 정하는 것은 물론, 어떤 방법으로 답사할 것인지도 생각해 둬야 해요. 답사 방법에는 면담하기, 그림 그리기, 사진이나 영상 찍기, 안내도 읽기, 문화관광해설사의 설명 듣기 등이 있어요.

🌷 **내 생각을 글쓰기로 완성해요.**

① 질문에 대해 간단하게 답을 쓰며 생각을 틔워요.

나의 선택은?	나는 (갈라 , 달라)의 생각에 (동의한다.)
그렇게 생각하는 이유는?	
다른 이유가 있다면?	
내 생각을 다시 말하자면?	

② 내 생각을 줄글로 써요.

5
경제 활동과 관련된 내용을 배워 볼까?

22 희소성을 생각하며 소비해야 할까?

초등 4학년 2학기 사회 2단원 ⇒ 필요한 것의 생산과 교환

🌸 사회 교과 어휘의 뜻을 살펴봐요.

희소성
稀少性

: 욕구에 비해 자원이 부족한 상태

🌸 교과서 속 문장을 소리 내어 읽어요.

> 자원의 희소성 때문에 경제 활동을 할 때 선택의 문제가 생깁니다.
> 즉, 희소성으로 인해 우리는 항상 무언가를 선택해야 합니다.
> 자원의 희소성 때문에 현명하게 소비해야 합니다.
> 자원이나 돈의 희소성 때문에 나의 욕구를 가장 충족시켜 주는 물건을 사야 합니다.

🌸 어휘를 따라 쓰며 예문으로 어휘를 익혀요.

👧 희 소 성 은 왜 생기는 걸까?

👦 사람들이 가진 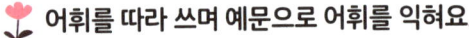 자 원 이 정해져 있기 때문이지.

👧 시간이 한정되어 있어서  희 소 성 을 느끼는 경우도 있어.

🌸 어울리는 어휘를 찾아 선으로 연결하세요.

인간 생활에 필요한 돈이나 물건 •	• 희소성
욕구에 비해 자원이 부족한 상태 •	• 자원

🌸 다음 뜻 또는 설명에 알맞은 말을 [보기]에서 찾아 쓰세요.

> **보기**
>
> 욕구, 재화, 충족

① 사람들의 욕구를 채워 주는 모든 물건

② 무언가를 사거나, 하고 싶은 마음

③ 일정 분량을 채워 주어 부족함이 없음

🌸 자원의 희소성을 생각해야 하는 이유를 써 보세요.

> **예** 자원의 희소성을 생각해야 하는 이유는 자원에는 한계가 있기 때문이다. 원하는 대로 모든 물건을 살 순 없다. 쓸 수 있는 돈을 가지고 현명하게 선택해야 한다.

자원의 희소성을 생각해야 하는 이유는

🌷 논술 주제에 관한 갈라와 달라의 생각을 살펴봐요.

> 희소성을 생각하며 소비해야 한다.
>
> 희소성을 생각하며 소비하지 않아도 된다.

갈라
"희소성을 생각하며 소비해야 한다."

이유1
희소성을 생각하지 않으면 돈이나 자원이 쉽게 없어지게 되기 때문이다.

이유2
희소성을 생각하며 소비하면 가진 자원을 효과적으로 쓸 수 있기 때문이다.

달라
"희소성을 생각하며 소비하지 않아도 된다."

이유1
기술을 발전시켜 새로운 자원을 계속해서 만들어 낸다면 희소성이 문제 되지 않기 때문이다.

이유2
하나의 돈이나 자원이 없어지면 다른 곳에서 돈이나 자원을 가져다 소비하면 되기 때문이다.

미리 배우는 사회 교과 지식

희소성은 자원이 부족할 때뿐만이 아니라 돈이 부족하거나 시간이 부족할 때도 느낄 수 있어요. 10,000원이라는 돈을 가지고 어떤 음식을 먹어야 할지 고민하는 것, 놀이공원에서 4시간 동안 어떤 기구를 탈지 고민하는 것, 이 2가지 상황도 모두 희소성과 관련된 것이에요. 여러분은 최근에 희소성으로 인해 어떤 선택의 문제를 겪었나요?

🌷 **내 생각을 글쓰기로 완성해요.**

① 질문에 대해 간단하게 답을 쓰며 생각을 틔워요.

나의 선택은?	나는 (갈라 , 달라)의 생각에 (동의한다.)
그렇게 생각하는 이유는?	
다른 이유가 있다면?	
내 생각을 다시 말하자면?	

② 내 생각을 줄글로 써요.

23 항상 합리적인 선택을 할 수 있을까?

초등 4학년 2학기 사회 2단원 ⇒ 필요한 것의 생산과 교환

🌷 사회 교과 어휘의 뜻을 살펴봐요.

합리적 선택
合理的 選擇

: 가장 적은 비용으로 가장 크게 만족하도록 선택하는 것

🌷 교과서 속 문장을 소리 내어 읽어요.

> **합리적 선택**은 현명한 선택과 비슷한 뜻입니다.
> 사람마다 기준이 달라 **합리적 선택**의 결과가 다를 수 있습니다.
> **합리적 선택**을 하지 않아 나중에 후회하는 때가 있습니다.
> 다양한 기준에 따라 생각한 다음 **합리적 선택**을 해야 합니다.

🌷 어휘를 따라 쓰며 예문으로 어휘를 익혀요.

- 기업에는 적은 비용으로 많은 이익을 남기는 게 | 합 | 리 | 적 | | 선 | 택 | 이야.

- 가계와 기업이 | 합 | 리 | 적 | 이라고 생각하는 기준이 다르구나?

- 물론이지! 가계와 기업뿐만 아니라 사람들마다도 | 합 | 리 | 적 | | 선 | 택 | 이라고 생각하는 게 다르니까.

🌷 어울리는 어휘를 찾아 선으로 연결하세요.

- 이론에 알맞게 생각하고 행동하는 것 •   • 합리적

- 가장 적은 비용으로 가장 크게 만족하도록 선택하는 것 •   • 합리적 선택

🌷 다음 뜻 또는 설명에 알맞은 말을 [보기]에서 찾아 쓰세요.

> **보기**
>
> 비용, 선호도, 만족

① 어떤 일을 하는 데 필요한 돈

② 좋아하는 정도

③ 마음에 듦

🌷 합리적으로 선택해야 하는 이유를 써 보세요.

> **예** 합리적으로 선택해야 하는 이유는 만족하기 위해서이다. 선택하고 만족하지 못해서는 안 된다. 여러 가지 기준에 맞춰 생각하여 만족할 만한 선택을 해야 한다.

합리적으로 선택해야 하는 이유는

🌷 논술 주제에 관한 갈라와 달라의 생각을 살펴봐요.

> 항상 합리적인 선택을 할 수 있다.
> VS
> 항상 합리적인 선택을 할 수는 없다.

갈라

"항상 합리적인 선택을 할 수 있다."

이유1
사람들은 모든 상황에서 합리적으로 생각할 수 있기 때문이다.

이유2
내가 정한 비용과 만족도에 따라 결정하면 합리적인 선택이 되기 때문이다.

달라

"항상 합리적인 선택을 할 수는 없다."

이유1
합리적 선택에는 충분한 시간과 정보가 필요한데 어떤 선택을 할 때는 2가지가 모두 부족하기 때문이다.

이유2
선택해야 하는 게 너무 많으면 합리적인 선택을 하기 어려워지기 때문이다.

미리 배우는 사회 교과 지식

합리적인 선택을 하기 위해서는 다음과 같은 과정을 거치는 게 좋아요. 하나, 선택하고 싶은 여러 가지 물건을 떠올리기. 둘, 어떤 기준을 이용하여 선택할지 생각하기. 셋, 기준에 따라 여러 가지 물건들의 장점, 단점, 가격 등을 평가하기. 넷, 평가 결과, 가장 높은 점수를 얻은 물건을 선택하기. 물론 모든 선택의 과정에서 이 4가지 과정을 거칠 수는 없지만 어떠한 것을 선택할 때 이 4가지 과정에 따라 생각해 보는 연습을 해 보세요.

🌷 **내 생각을 글쓰기로 완성해요.**

① 질문에 대해 간단하게 답을 쓰며 생각을 틔워요.

나의 선택은?	나는 (갈라 , 달라)의 생각에 (동의한다.)
그렇게 생각하는 이유는?	
다른 이유가 있다면?	
내 생각을 다시 말하자면?	

② 내 생각을 줄글로 써요.

24. 기회비용을 항상 따져야 할까?

초등 4학년 2학기 사회 2단원 ⇒ 필요한 것의 생산과 교환

🌸 사회 교과 어휘의 뜻을 살펴봐요.

기회비용
機會費用

: A를 선택하여 포기하게 된 B의 값어치

🌸 교과서 속 문장을 소리 내어 읽어요.

> 항상 **기회비용**을 생각하며 합리적인 소비를 해야 합니다.
> 자원의 희소성 때문에 **기회비용**을 생각해야 합니다.
> 어떤 것을 선택하면 언제나 **기회비용**이 생깁니다.
> **기회비용**이 더 작은 것을 선택하는 게 합리적인 선택입니다.

🌸 어휘를 따라 쓰며 예문으로 어휘를 익혀요.

- 어떤 걸 선택할 때 비용 이 적게 드는 걸 골라야 합리적인 선택이지?

- 비용이 많은 것, 적은 것으로 구분하긴 어려워. 대신 기회비용 이 적은 걸 고르는 게 합리적인 선택이야.

- 기회비용 은 적으면서 동시에 내가 가장 만족할 수 있는 걸 고르는 게 좋겠구나.

🌷 어울리는 어휘를 찾아 선으로 연결하세요.

- 어떤 일을 할 때 필요한 돈 • • 기회비용
- A를 선택하여 포기하게 된 B의 값어치 • • 비용

🌷 다음 뜻 또는 설명에 알맞은 말을 [보기]에서 찾아 쓰세요.

보기

낭비, 품질, 포기

① 시간, 돈 등을 아끼지 않고 사용함

② 선택하지 않고 그만두는 것

③ 물건의 성질

🌷 기회비용을 따져야 하는 이유를 써 보세요.

예 기회비용을 따져야 하는 이유는 모든 것을 가질 수는 없기 때문이다. 하나를 가지면 다른 하나를 가질 수 없다. 그래서 잘 생각하고 선택해야 한다.

기회비용을 따져야 하는 이유는

🌷 논술 주제에 관한 갈라와 달라의 생각을 살펴봐요.

> 기회비용을 항상 따져야 한다.
> vs
> 기회비용을 항상 따질 필요는 없다.

갈라
"기회비용을 항상 따져야 한다."

이유1
기회비용을 따지면 돈이 낭비되는 걸 줄일 수 있기 때문이다.

이유2
기회비용을 따지면 어떤 게 더 나은 선택인지를 생각하는 힘이 길러지기 때문이다.

달라
"기회비용을 항상 따질 필요는 없다."

이유1
기회비용을 따지다 보면 스트레스를 받을 수 있기 때문이다.

이유2
친구나 가족들을 도와주는 일처럼 기회비용을 따질 수 없는 일도 있기 때문이다.

미리 배우는 사회 교과 지식

기회비용이라는 단어가 조금 어렵게 느껴지나요? 여러분을 위해 쉬운 예를 들어 줄게요. 만약 여러분에게 5,000원이라는 돈이 있다면 어디에 사용할 것인가요? 첫 번째는 5,000원짜리 김밥을 사 먹는 것입니다. 두 번째는 5,000원짜리 탕후루를 사 먹는 것이고요. 김밥을 사면 당연히 탕후루는 살 수 없겠죠? 이처럼 김밥을 선택하면서 포기하게 된, 탕후루를 사는 것을 기회비용이라고 해요. 만약 탕후루를 사게 된다면 기회비용이 김밥이 되는 것이고요. 이제는 기회비용이 뭔지 확실히 알 수 있겠죠?

🌷 **내 생각을 글쓰기로 완성해요.**

① 질문에 대해 간단하게 답을 쓰며 생각을 틔워요.

나의 선택은?	나는 (갈라 , 달라)의 생각에 (동의한다.)
그렇게 생각하는 이유는?	
다른 이유가 있다면?	
내 생각을 다시 말하자면?	

② 내 생각을 줄글로 써요.

25

초등 4학년 2학기 사회 2단원 ⇒ 필요한 것의 생산과 교환

생산이 소비보다 중요할까?

🌷 사회 교과 어휘의 뜻을 살펴봐요.

생산
生産

: 사람들에게 필요한 여러 가지 물건을 만드는 것

🌷 교과서 속 문장을 소리 내어 읽어요.

> 우리 주변의 많은 사람이 **생산** 활동을 하고 있습니다.
> 물건을 만드는 것 이외의 서비스를 제공하는 것도 **생산**입니다.
> 식당의 점원이 음식을 가져다주는 것도 **생산**으로 볼 수 있습니다.
> 우리 고장에서는 쌀이 많이 **생산**됩니다.

🌷 어휘를 따라 쓰며 예문으로 어휘를 익혀요.

 너는 生 産 과 소비 중에서 어떤 걸 좋아해?

아무래도 나는 아직 학생이니까 무언가를 생산한 경험이 없어서…. 둘 중 하나를 고르자면 消 費 를 고를게.

아니야. 잘 생각해 보면 네가 生 産 하고 있는 것도 있을걸?

🌷 어울리는 어휘를 찾아 선으로 연결하세요.

사람들에게 필요한 여러 가지 물건을 만드는 것 •	• 소비
돈, 시간, 노력 등을 사용하는 것 •	• 생산

🌷 다음 뜻 또는 설명에 알맞은 말을 [보기]에서 찾아 쓰세요.

> **보기**
>
> 시장, 교류, 매입

① 물건 등을 사는 것

② 문화, 생각 등을 서로 주고받는 것

③ 생산된 물건을 사고파는 장소

🌷 생산이 필요한 이유를 써 보세요.

> **예** 생산이 필요한 이유는 사람들이 생활하기 위해서이다. 사람들이 생활하려면 음식, 물건, 자동차 등이 생산되어야 한다.

생산이 필요한 이유는

🌸 논술 주제에 관한 갈라와 달라의 생각을 살펴봐요.

> 생산이 소비보다 중요하다.
>
> 소비가 생산보다 중요하다.

갈라

"생산이 소비보다 중요하다."

이유1
생산되는 물건이 없으면 소비할 물건도 없기 때문이다.

이유2
생산이 있어야 물건을 생산하는 일자리들이 있기 때문이다.

달라

"소비가 생산보다 중요하다."

이유1
소비자가 소비하지 않으면 생산자가 생산할 필요가 없기 때문이다.

이유2
물건이나 음식을 소비하면 행복한 기분을 느낄 수 있기 때문이다.

미리 배우는 사회 교과 지식

벼농사, 밭농사, 과일 농사처럼 자연에서 생활에 필요한 것을 얻는 것도 생산이에요. 건물을 만들거나 컴퓨터를 만드는 일도 생산이고요. 그렇다면 병원에서 환자를 치료해 주거나 관객들을 위해 멋진 공연을 보여 주는 것도 생산일까요? 물론이에요. 우리가 생각하는 것보다 생산의 범위는 넓답니다.

🌷 **내 생각을 글쓰기로 완성해요.**

① 질문에 대해 간단하게 답을 쓰며 생각을 틔워요.

나의 선택은?	나는 (갈라 , 달라)의 생각에 (동의한다.)
그렇게 생각하는 이유는?	
다른 이유가 있다면?	
내 생각을 다시 말하자면?	

② 내 생각을 줄글로 써요.

26. 비싼 게 항상 좋은 상품일까?

초등 4학년 2학기 사회 2단원 ⇒ 필요한 것의 생산과 교환

🌷 사회 교과 어휘의 뜻을 살펴봐요.

상품
商品

: 사고팔 수 있는 유형, 무형의 재산

🌷 교과서 속 문장을 소리 내어 읽어요.

> 우리가 매일 쓰는 연필이라는 상품은 어디에서 왔을까요?
> 반도체는 우리나라를 대표하는 상품입니다.
> 우리의 상품을 다른 상품과 구별하기 위해 붙인 표지를 상표라고 합니다.
> 다른 사람들에게 상품을 파는 걸 판매라고 합니다.

🌷 어휘를 따라 쓰며 예문으로 어휘를 익혀요.

우리 동네 마트는 │거│래│ 가 언제나 활발해.

마트는 여러 가지 │상│품│ 이 모여 있는 곳이기 때문이지.

우리 지역에서 만든 │상│품│ 이 다른 지역이나 외국으로 가기도 하겠지?
반대로 다른 지역에서 만든 │상│품│ 이 우리 지역 시장에 있기도 하고.

🌷 어울리는 어휘를 찾아 선으로 연결하세요.

물건 등을 주고받거나 사고파는 것 •	• 상품
사고팔 수 있는 유형, 무형의 재산 •	• 거래

🌷 다음 뜻 또는 설명에 알맞은 말을 [보기]에서 찾아 쓰세요.

보기

제공, 구매, 판매

① 물건 등을 주는 것

② 물건 등을 사는 것

③ 물건 등을 파는 것

🌷 내가 생각하는 좋은 상품에 관해 설명해 보세요.

예 내가 생각하는 좋은 상품은 가격이 합리적인 상품이다. 너무 비싸거나 싸지 않아야 한다. 또 환경을 생각했을 때 오래 사용할 수 있는 상품도 좋은 상품인 것 같다.

내가 생각하는 좋은 상품은

논술 주제에 관한 갈라와 달라의 생각을 살펴봐요.

비싼 게 항상 좋은 상품이다.

비싼 게 항상 좋은 상품은 아니다.

갈라

"비싼 게 항상 좋은 상품이다."

이유1
대부분 비싼 게 품질이나 성능이 좋기 때문이다.

이유2
많은 사람이 사고 싶어 하는 물건, 좋다고 생각하는 물건은 비싸기 때문이다.

달라

"비싼 게 항상 좋은 상품은 아니다."

이유1
품질이나 성능이 좋지 않으면서 별다른 이유 없이 비싼 물건들도 있기 때문이다.

이유2
주변을 잘 살펴보면 비싸지 않으면서도 품질이 좋은 제품들이 있기 때문이다.

미리 배우는 사회 교과 지식

요즘 판매되는 모든 상품에는 소비자들을 위해 상품과 관련된 다양한 정보가 표기되어 있어요. 상품의 생산지, 제조 연월, 가격, 소재, 상품을 만드는 데 사용한 재료 등의 정보를 바탕으로 이 상품이 좋은 상품인지, 믿을 만한 상품인지를 확인해 볼 수 있어요. 이러한 정보는 의류처럼 상품에 붙어 있기도 하고, 요즘에는 QR코드를 이용하거나 제품의 상세 페이지를 이용해 알아볼 수도 있답니다.

🌷 **내 생각을 글쓰기로 완성해요.**

① 질문에 대해 간단하게 답을 쓰며 생각을 틔워요.

나의 선택은?	나는 (갈라 , 달라)의 생각에 (동의한다.)
그렇게 생각하는 이유는?	
다른 이유가 있다면?	
내 생각을 다시 말하자면?	

② 내 생각을 줄글로 써요.

6

생활 속에서 민주주의를 실천해 볼까?

27. 학교에서 민주주의를 실천할 수 있을까?

초등 4학년 1학기 사회 3단원 ⇒ 지역의 공공 기관과 주민 참여

🌸 사회 교과 어휘의 뜻을 살펴봐요.

민주주의
民主主義

: 국민이 나라의 주인으로 권리를 자유롭고 평등하게 사용하는 정치 형태

🌸 교과서 속 문장을 소리 내어 읽어요.

> 대한민국은 민주주의 국가입니다.
> 민주주의에서는 자유와 평등을 중요하게 생각합니다.
> 선거는 '민주주의의 꽃'이라고 불립니다.
> 대한민국의 민주주의 실현을 위해 많은 분이 노력하였습니다.

🌸 어휘를 따라 쓰며 예문으로 어휘를 익혀요.

 민 주 주 의 의 기본은 인간을 존중하는 것이야.

 맞아. 그래서 6월 시 민 항쟁도 일어난 거야.

 우리도 학교생활 속에서 민 주 주 의 를 실천할 수 있을까?

🌷 어울리는 어휘를 찾아 선으로 연결하세요.

| 국가의 구성원으로 권리와 의무를 지닌 사람 • | • 시민 |

| 국민이 나라의 주인으로 권리를 자유롭고 평등하게 사용하는 정치 형태 • | • 민주주의 |

🌷 다음 뜻 또는 설명에 알맞은 말을 [보기]에서 찾아 쓰세요.

> **보기**
>
> 자유, 평등, 존엄성

① 신분, 재산, 성별 등으로 인해 차별받지 않는 것

② 다른 사람의 간섭 없이 마음대로 행동할 수 있는 상태

③ 높고 위엄이 있는 성질

🌷 내가 실천할 수 있는 민주주의를 설명해 보세요.

> **예** 내가 실천할 수 있는 민주주의는 친구들을 평등하게 대하는 것이다. 또 친구를 존중해 주는 것도 민주주의라고 생각한다.

내가 실천할 수 있는 민주주의는

🌷 논술 주제에 관한 갈라와 달라의 생각을 살펴봐요.

학교에서 민주주의를 실천할 수 있다.
 VS
학교에서 민주주의를 실천할 수 없다.

갈라

"학교에서 민주주의를 실천할 수 있다."

이유1
학교 전체에서는 전교학생회의 같은 걸 이용해서 민주적으로 의사 결정을 할 수 있기 때문이다.

이유2
학급에서는 학급회의를 이용해서 민주적으로 의사 결정을 할 수 있기 때문이다.

달라

"학교에서 민주주의를 실천할 수 없다."

이유1
학교는 선생님, 부모님 같은 어른들과 미성년자인 학생들이 섞여 있는 곳이기 때문이다.

이유2
학교에는 서로 다른 생각을 가진 학생이 너무 많아 의견을 하나로 모으기 어렵기 때문이다.

미리 배우는 사회 교과 지식

앞서 설명했던 민주주의의 뜻을 조금 바꿔 볼게요. '학생이 학교의 주인으로 권리를 자유롭고 평등하게 사용하는 것'. '국민'이라는 단어를 '학생'으로, '나라'라는 단어를 '학교'로 바꾼 것입니다. 어떤가요? 동의할 수 있는 설명인가요? 그렇다면 국민이 민주주의를 실천하고 추구하는 것처럼 학생도 민주주의를 실천하고 추구할 수 있는 것일까요? 여러분의 생각을 녹여 글쓰기를 해 보세요.

🌷 **내 생각을 글쓰기로 완성해요.**

① 질문에 대해 간단하게 답을 쓰며 생각을 틔워요.

나의 선택은?	나는 (갈라 / 달라)의 생각에 (동의한다.)
그렇게 생각하는 이유는?	
다른 이유가 있다면?	
내 생각을 다시 말하자면?	

② 내 생각을 줄글로 써요.

28 학교 자치는 학교에 필요할까?

초등 4학년 1학기 사회 3단원 ⇒ 지역의 공공 기관과 주민 참여

🌷 사회 교과 어휘의 뜻을 살펴봐요.

학교 자치
學校 自治

: 학교의 일을 학교 구성원들이 스스로 잘 다스리는 것

🌷 교과서 속 문장을 소리 내어 읽어요.

> 학교 자치는 학교를 민주적으로 운영하는 방법입니다.
> 학교 자치에는 학생, 학부모, 지역 사회의 참여가 필요합니다.
> 학교 자치 회의는 학교 자치와 관련된 활동입니다.
> 서로를 존중하며, 소통해야 학교 자치가 이루어질 수 있습니다.

🌷 어휘를 따라 쓰며 예문으로 어휘를 익혀요.

👧 오늘 오후에 다른 반 학급 임원들과 학생 | 자 | 치 | 회의가 있는 거 알지?

🧑 물론이지! 우리 학교는 | 학 | 교 | 자 | 치 | 가 잘 이루어지는 거 같아.

👧 나는 여러 가지 | 학 | 교 | 자 | 치 | 활동에 참여하면서 민주주의의 의미를 조금 알게 된 것 같아.

🌷 어울리는 어휘를 찾아 선으로 연결하세요.

| 학교의 일을 학교 구성원들이 스스로 잘 다스리는 것 | • | • | 자치 |
| 자신의 일을 스스로 잘 다스리는 것 | • | • | 학교 자치 |

🌷 다음 뜻 또는 설명에 알맞은 말을 [보기]에서 찾아 쓰세요.

보기

학생회, 다수결, 대의원

① 회의에 참석하는 대표

② 회의할 때 많은 사람의 의견에 따르는 것

③ 학생들이 중심이 되어 만든 모임

🌷 학교 자치가 필요한 이유를 써 보세요.

예 학교 자치가 필요한 이유는 학교의 주인이 여러 명이기 때문이다. 학생, 선생님, 학부모, 지역 사회 사람들 모두가 학교의 주인이다.

학교 자치가 필요한 이유는

🌷 논술 주제에 관한 갈라와 달라의 생각을 살펴봐요.

> 학교 자치는 학교에 필요하다.
> VS
> 학교 자치는 학교에 필요하지 않다.

갈라

"학교 자치는 학교에 필요하다."

이유1
학교 자치를 통해 학생들이 자기 주도성과 책임감을 배울 수 있기 때문이다.

이유2
학교 자치를 통해 민주적으로 의사 결정을 하는 방법, 인간을 존중하며 생각하는 방법 등을 배울 수 있기 때문이다.

달라

"학교 자치는 학교에 필요하지 않다."

이유1
경험이 적고, 지식이 부족한 학생들이 현명하지 못한 선택을 할 수 있기 때문이다.

이유2
학생과 교사가 서로 의견을 맞출 때 갈등이 생기기도 하고, 시간과 노력이 많이 들기 때문이다.

미리 배우는 사회 교과 지식

우리가 학교에서 경험하는 학급 임원 선거, 학생회장 선거, 학급 규칙 만들기, 학년이나 학교의 생활 규칙·규정 만들기, 이런 것이 모두 학교 자치와 관련된 일이에요. 여러분은 학교생활과 관련되어 의견을 내거나 결정하는 일에 참여해 본 적이 있나요? 나의 경험을 떠올려 보면 글을 쓸 때 도움이 될 거예요.

🌷 **내 생각을 글쓰기로 완성해요.**

① 질문에 대해 간단하게 답을 쓰며 생각을 틔워요.

나의 선택은?	나는 (갈라 / 달라)의 생각에 (동의한다.)
그렇게 생각하는 이유는?	
다른 이유가 있다면?	
내 생각을 다시 말하자면?	

② 내 생각을 줄글로 써요.

29

초등 4학년 1학기 사회 3단원 ⇒ 지역의 공공 기관과 주민 참여

주민 자치가 주민들에게 도움이 될까?

🌷 사회 교과 어휘의 뜻을 살펴봐요.

주민 자치
住民 自治

: 주민들이 주인의식을 가지고 지역의 문제 해결 과정에 참여하는 것

🌷 교과서 속 문장을 소리 내어 읽어요.

> 주민 자치는 지역사회를 민주적으로 발전시키는 방법입니다.
> 주민 자치가 잘 되기 위해서는 지역사회 구성원들의 주인의식이 필요합니다.
> 주민자치위원회는 주민 자치와 관련된 활동입니다.
> 지역의 문제에 관심을 가지는 것이 주민 자치의 시작입니다.

🌷 어휘를 따라 쓰며 예문으로 어휘를 익혀요.

👧 　지　역　사　회　의 사람들과 가까워지는 방법이 뭘까?

🧒 평소에 우리 지역에서 해결해야 할 문제가 무엇인지 생각하고, 기회가 있을 때 여러 가지 행사에 참여하는 　주　민　자　치　를 실천하다 보면 가까워지지 않을까?

👩 쉽게 말해 　주　민　자　치　에 관심을 가지고 적극적으로 참여하는 거네?

🌷 어울리는 어휘를 찾아 선으로 연결하세요.

| 일정한 지역에서 함께 살아가는 공동체 | • | • | 주민 자치 |
| 주민들이 주인의식을 가지고 지역의 문제 해결 과정에 참여하는 것 | • | • | 지역사회 |

🌷 다음 뜻 또는 설명에 알맞은 말을 [보기]에서 찾아 쓰세요.

> **보기**
>
> 시청, 도청, 구청

① 구와 관련된 행정 사무를 처리하는 기관

② 시와 관련된 행정 사무를 처리하는 기관

③ 도와 관련된 행정 사무를 처리하는 기관

🌷 주민들이 지역의 일에 주인의식을 가져야 하는 이유를 써 보세요.

> **예** 주민들이 지역의 일에 주인의식을 가져야 하는 이유는 우리 지역의 주인이 주민이기 때문이다. 지역 사람들이 책임지고 지역의 문제 해결 과정에 참여해야 우리 지역이 발전할 수 있다.

주민들이 지역의 일에 주인의식을 가져야 하는 이유는

🌷 논술 주제에 관한 갈라와 달라의 생각을 살펴봐요.

> 주민 자치가 주민들에게 도움이 된다.
>
> 주민 자치가 주민들에게 도움이 되지 않는다.

갈라
"주민 자치가 주민들에게 도움이 된다."

이유1
주민 자치를 통해 우리 지역의 문제를 효과적으로 해결할 수 있기 때문이다.

이유2
주민 자치를 통해 주민들이 서로 친해질 수 있기 때문이다.

달라
"주민 자치가 주민들에게 도움이 되지 않는다."

이유1
주민 자치에 적극적으로 참여하는 사람들에게만 유리한 쪽으로 의견이 결정되어 도움을 받지 못하는 주민들도 생겨나기 때문이다.

이유2
주민 자치로 인해 의견이 다른 주민들 사이에서 다툼이 일어날 수 있기 때문이다.

미리 배우는 사회 교과 지식

우리 지역에서 일어나는 일을 가장 잘 아는 사람은 누구일까요? 대통령? 장관? 중앙정부에 있는 사람들보다 우리 지역의 일을 잘 아는 사람은 우리 지역에 사는 주민들이겠죠? 이처럼 지역 주민들의 책임에 따라 대표자를 뽑고, 여러 가지 지역의 문제를 해결하는 게 주민 자치예요. 물론 주민 자치가 잘 이루어지기 위해서는 주민들이 우리 지역의 문제를 해결하는 과정에 적극적으로 참여해야 해요.

🌷 **내 생각을 글쓰기로 완성해요.**

① 질문에 대해 간단하게 답을 쓰며 생각을 틔워요.

나의 선택은?	나는 (갈라 , 달라)의 생각에 (동의한다.)
그렇게 생각하는 이유는?	
다른 이유가 있다면?	
내 생각을 다시 말하자면?	

② 내 생각을 줄글로 써요.

30 주민 참여가 필요할까?

초등 4학년 1학기 사회 3단원 ⇒ 지역의 공공 기관과 주민 참여

🌷 사회 교과 어휘의 뜻을 살펴봐요.

주민 참여
住民 參與

: (시청, 군청, 구청 등에서) 지역의 문제를 해결할 때 주민들이 참여하는 것

🌷 교과서 속 문장을 소리 내어 읽어요.

> 지역의 문제는 나를 포함한 우리의 문제이므로 주민 참여가 필요합니다.
> 공청회에 참여하는 것도 주민 참여의 한 가지 방법입니다.
> 주민 회의에 참여하는 것도 주민 참여의 한 가지 방법입니다.
> 주민 참여 활동을 하게 되면 정치에 관심을 가지게 됩니다.

🌷 어휘를 따라 쓰며 예문으로 어휘를 익혀요.

- 시청 누리집에 의견을 올리는 것도 주민 참여 라고 말할 수 있는 거지?

- 물론이지. 행정복지센터에 민원 을 넣는 것도 비슷한 거야.

- 우리 부모님께서는 주민 참여 를 중요하게 생각하셔서 우리 지역에서 열리는 여러 가지 모임에 참여하고 있으셔.

🌷 어울리는 어휘를 찾아 선으로 연결하세요.

| 지역의 문제를 해결할 때 주민들이 참여하는 것 | • | • | 민원 |
| 주민이 원하는 것을 행정기관에 요구하는 것 | • | • | 주민 참여 |

🌷 다음 뜻 또는 설명에 알맞은 말을 [보기]에서 찾아 쓰세요.

> **보기**
>
> 논의, 공공기관, 행정복지센터

① 공적인 이익을 위해 나라에서 만든 기관

② 어떤 문제에 대해 토의하는 것

③ 동, 면, 읍과 관련된 행정 사무를 처리하는 기관

🌷 주민 참여가 없다면 어떻게 될지 설명해 보세요.

> **예** 주민 참여가 없다면 주민들이 원하지 않는 일이 생길 수 있다. 예를 들어 주민들이 필요하지 않다고 생각하는 건물이 만들어지거나 정책이 생긴다.

주민 참여가 없다면

논술 주제에 관한 갈라와 달라의 생각을 살펴봐요.

주민 참여는 필요하다.

주민 참여는 필요하지 않다.

갈라

"주민 참여는 필요하다."

이유1
주민 참여를 통해 주민들이 지역 사회의 문제에 관심을 가지게 되기 때문이다.

이유2
주민 참여를 통해 주민들이 원하는 쪽으로 지역의 문제를 해결할 수 있기 때문이다.

달라

"주민 참여는 필요하지 않다."

이유1
주민들은 시청, 군청, 구청의 행정가들에 비해 전문적인 지식이 부족하기 때문이다.

이유2
시청, 군청, 구청과 함께 회의하려면 시간과 비용이 많이 들기 때문이다.

미리 배우는 사회 교과 지식

시청·도청·군청 홈페이지에 나의 의견 올리기, 법 개정이나 지하철 노선 변경 등의 서명 운동에 참여하기, 우리 지역과 관련된 캠페인 활동에 참여하기, 우리 아파트 주민회의에 참여하기. 이런 것들이 모두 마을이나 지역사회에서 이루어지는 주민 참여의 모습이에요.

🌷 **내 생각을 글쓰기로 완성해요.**

① 질문에 대해 간단하게 답을 쓰며 생각을 틔워요.

나의 선택은?	나는 (갈라 / 달라)의 생각에 (동의한다.)
그렇게 생각하는 이유는?	
다른 이유가 있다면?	
내 생각을 다시 말하자면?	

② 내 생각을 줄글로 써요.

7
우리 지역사회를 어떻게 발전시킬 수 있을까?

31 지역축제는 우리 지역에 도움이 될까?

초등 4학년 2학기 사회 2단원 ⇒ 필요한 것의 생산과 교환

🌷 사회 교과 어휘의 뜻을 살펴봐요.

지역축제
地域祝祭

: 지역에서 열리는 큰 행사

🌷 교과서 속 문장을 소리 내어 읽어요.

> 지역의 특산물을 이용한 지역축제가 많이 열립니다.
> 문화와 예술을 이용하여 지역축제를 여는 지역도 있습니다.
> 지역 간 경제 교류를 위해 지역축제를 열기도 합니다.
> 지역축제를 통해 지역이 발달할 수 있습니다.

🌷 어휘를 따라 쓰며 예문으로 어휘를 익혀요.

👧 우리 가족은 주말에 우리 지역에서 열리는 　지 역 축 제　에 가기로 했어.

🧒 정말? 우리 가족도 그러기로 했는데…. 그곳에 우리 고장의 　특 산 물　인 딸기도 팔겠지?

👧 물론이지. 　지 역 축 제　에는 언제나 맛있는 음식들이 있잖아. 나도 부모님께 가 보자고 말씀드려야겠다.

🌷 어울리는 어휘를 찾아 선으로 연결하세요.

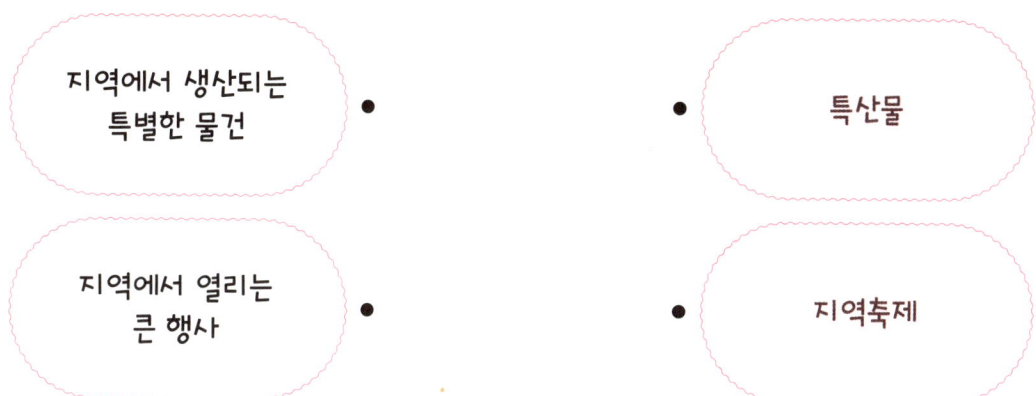

🌷 다음 뜻 또는 설명에 알맞은 말을 [보기]에서 찾아 쓰세요.

| 보기 | 문화, 관광, 생산물 |

① 다른 지역이나 나라를 구경하는 일

② 생산을 통해 만들어진 물건

③ 언어나 풍습처럼 사회 구성원에 의해 전달되는 생활 양식

🌷 내가 가 본 지역축제를 설명해 보세요.

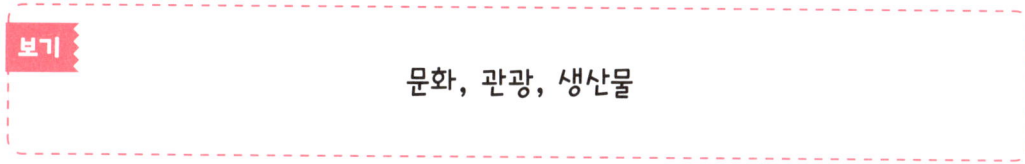

예 내가 가 본 지역 축제는 횡성한우 축제이다. 이곳에서 소와 관련된 여러 가지 놀이를 했다. 또 소고기도 먹었다.

내가 가 본 지역축제는

🌷 논술 주제에 관한 갈라와 달라의 생각을 살펴봐요.

> 지역축제는 우리 지역에 도움이 된다.
> VS
> 지역축제는 우리 지역에 도움이 되지 않는다.

갈라

"지역축제는 우리 지역에 도움이 된다."

이유1
지역축제로 인해 우리 지역으로 많은 관광객이 여행을 오기 때문이다.

이유2
지역축제로 인해 우리 지역에 산책로, 공원, 호수 등 멋진 공간들이 생겨나기 때문이다.

달라

"지역축제는 우리 지역에 도움이 되지 않는다."

이유1
지역축제와 관련된 일을 하는 사람들에게만 이익이 생기기 때문이다.

이유2
지역축제를 준비하느라 사용하지 않아도 될 지역의 소중한 예산이 낭비될 수도 있기 때문이다.

미리 배우는 사회 교과 지식

요즘에는 지역별로 지역축제들이 늘어나고 있어요. '양평 빙어 축제', '제주 유채꽃 축제', '진해 벚꽃 축제', '진주 유등 축제', '보령 머드 축제', '광주 김치 축제'와 같은 축제의 이름을 들어 본 적이 있나요? 각 지역은 지역 간 경제 교류를 하기 위해 지역의 생산물, 관광지 등을 활용하여 다양한 축제를 열고 있어요. 여러분이 사는 지역에는 어떤 지역축제가 있나요?

🌷 **내 생각을 글쓰기로 완성해요.**

① 질문에 대해 간단하게 답을 쓰며 생각을 틔워요.

나의 선택은?	나는 (갈라 / 달라)의 생각에 (동의한다.)
그렇게 생각하는 이유는?	
다른 이유가 있다면?	
내 생각을 다시 말하자면?	

② 내 생각을 줄글로 써요.

32 촌락과 도시는 상호의존해야 할까?

초등 4학년 2학기 사회 1단원 ⇒ 촌락과 도시의 생활 모습

🌷 사회 교과 어휘의 뜻을 살펴봐요.

상호의존
相互依存

: 서로에게 의지해 존재하는 것

🌷 교과서 속 문장을 소리 내어 읽어요.

> 지역축제와 지역 체험은 촌락과 도시가 상호의존하는 예입니다.
> 촌락은 도시와 상호의존하기 위해 촌락의 자연환경을 도시 사람들에게 제공할 수 있습니다.
> 도시는 촌락과 상호의존하기 위해 도시의 편의 시설을 촌락 사람들에게 제공할 수 있습니다.
> 촌락과 도시가 상호의존하여 잘 사는 방법을 찾아야 합니다.

🌷 어휘를 따라 쓰며 예문으로 어휘를 익혀요.

👧 촌락 에는 있지만, 도시에는 없는 것. 반대로 도시에는 있지만, 촌락에는 없는 게 있겠지?

🧒 물론이지. 서로가 가지고 있는 게 다르니까. 서로가 필요로 하는 것도 다르겠고. 그래서 촌락과 도시는 상호의존 하는 관계가 아닐까?

👧 곰곰이 생각해 보니 하나의 지역은 다른 지역과 상호의존 하는 관계에 있는 경우가 많겠구나.

🌷 어울리는 어휘를 찾아 선으로 연결하세요.

| 시골의 작은 마을 (도시의 반대말) | • | • | 상호의존 |
| 서로에게 의지해 존재하는 것 | • | • | 촌락 |

🌷 다음 뜻 또는 설명에 알맞은 말을 [보기]에서 찾아 쓰세요.

> **보기**
>
> 개발, 보전, 귀농

① 보호하고 유지하는 것

② 자연을 사람들에게 편리하게 바꾸는 것

③ 도시에서 농촌으로 돌아가는 것

🌷 촌락과 도시가 상호의존하는 방법을 설명해 보세요.

> **예** 촌락과 도시가 상호의존하기 위해 촌락에 캠핑장이나 글램핑장을 만들 수 있다. 그러면 도시 사람들이 촌락으로 여행을 올 것이다.

촌락과 도시가 상호의존하기 위해

🌷 논술 주제에 관한 갈라와 달라의 생각을 살펴봐요.

> 촌락과 도시는 상호의존해야 한다.
> vs
> 촌락과 도시는 상호의존하지 않아도 된다.

갈라
"촌락과 도시는 상호의존해야 한다."

이유1
촌락과 도시는 서로 다른 자원을 지니고 있으므로 서로에게 필요한 것을 주고받으면 도움이 되기 때문이다.

이유2
촌락과 도시는 서로 다른 문화를 가지고 있는데 상호의존하게 되면 서로의 좋은 점을 배울 수 있기 때문이다.

달라
"촌락과 도시는 상호의존하지 않아도 된다."

이유1
촌락은 촌락대로, 도시는 도시대로 가진 장점을 키우는 게 효율적이기 때문이다.

이유2
촌락 사람들과 도시 사람들이 삶을 사는 방식이 서로 다르므로 상호의존하려면 오히려 복잡하고 힘들어지기 때문이다.

미리 배우는 사회 교과 지식

하나의 촌락에서 이루어지는 생산과 소비 활동은 다른 지역과 연결되어 있어요. 우리 지역에서 딸기를 많이 키운다고 해서 밥 대신 딸기만 먹고 살 순 없겠죠? 우리 지역의 딸기를 파는 대신, 우리는 다른 지역에서 파는 귤이나 사과를 사 먹게 되지요. 이처럼 한 지역의 경제 활동은 다른 지역과 서로 도움을 주고받는 관계를 맺고 있어요. 딸기와 귤, 사과의 예를 들었지만 촌락과 도시에서는 지역축제나 체험, 직거래 장터와 같은 여러 방식으로 도움을 주고받으며 협력하고 있어요.

🌷 **내 생각을 글쓰기로 완성해요.**

① 질문에 대해 간단하게 답을 쓰며 생각을 틔워요.

나의 선택은?	나는 (갈라 / 달라)의 생각에 (동의한다.)
그렇게 생각하는 이유는?	
다른 이유가 있다면?	
내 생각을 다시 말하자면?	

② 내 생각을 줄글로 써요.

33. 로컬푸드 장터는 필요할까?

초등 4학년 2학기 사회 1단원 ⇒ 촌락과 도시의 생활 모습

🌷 사회 교과 어휘의 뜻을 살펴봐요.

로컬푸드
local food

: 가까운 거리에서 생산되는 지역 농산물 또는 식자재

🌷 교과서 속 문장을 소리 내어 읽어요.

> 로컬푸드 장터는 촌락과 도시가 상호의존하는 예입니다.
> 촌락 사람들은 로컬푸드 장터를 통해 생산한 작물을 많은 사람에게 판매할 수 있습니다.
> 도시 사람들은 로컬푸드 장터를 통해 신선한 농산물을 살 수 있습니다.
> 환경에 관해 관심이 커지면서 전국에서 로컬푸드 운동이 일어나기 시작했습니다.

🌷 어휘를 따라 쓰며 예문으로 어휘를 익혀요.

- 너희들은 로컬푸드 장터와 대형마트 중에서 어디가 좋아?
- 나는 우리 동네 로컬푸드 장터가 좋아. 그곳에는 직거래 하는 곳이 있어 저렴하게 농산물을 살 수 있어.
- 나는 못 고르겠어. 대형마트에서도 로컬푸드 장터만큼 신선한 농산물을 좋은 가격에 팔 때가 있어서….

🌷 어울리는 어휘를 찾아 선으로 연결하세요.

| 가까운 거리에서 생산되는 지역 농산물 또는 식자재 | • | • | 로컬푸드 |
| 중간 상인 없이 판매자와 구매자가 직접 거래하는 것 | • | • | 직거래 |

🌷 다음 뜻 또는 설명에 알맞은 말을 [보기]에서 찾아 쓰세요.

보기

수확, 교환, 곡식

① 쌀, 보리, 밀 등 사람들의 식량

② 무언가를 서로 바꾸는 것

③ 농작물을 거두어들이는 일

🌷 로컬푸드 장터의 좋은 점을 설명해 보세요.

예 로컬푸드 장터의 좋은 점은 우리 지역에서 난 신선한 농산물을 살 수 있다는 점이다. 또 마트보다 조금 더 저렴한 가격에 물건들을 살 수 있다.

로컬푸드 장터의 좋은 점은

🌸 논술 주제에 관한 갈라와 달라의 생각을 살펴봐요.

> 로컬푸드 장터는 필요하다.
>
> 로컬푸드 장터는 필요하지 않다.

갈라

"로컬푸드 장터는 필요하다."

이유1
로컬푸드 장터는 지역의 경제를 발전시키는 데 도움을 주기 때문이다.

이유2
로컬푸드 장터는 농가와 소비자가 직접 거래하는 방식이므로 신선한 농산물을 살 수 있기 때문이다.

달라

"로컬푸드 장터는 필요하지 않다."

이유1
교통과 통신이 발전하여 직접 가지 않고도 인터넷으로 농산물을 살 수 있기 때문이다.

이유2
우리 지역 농산물은 살 수 있지만 다른 지역의 농산물은 구할 수 없기 때문이다.

미리 배우는 사회 교과 지식

우리 지역에서 생산한 농산물을 우리 지역에서 직접 소비하자는 운동을 '로컬푸드 운동'이라고 해요. 보통은 50km 이내에서 생산된 농산물을 '로컬푸드'라고 하고요. 로컬푸드를 이용하는 것에는 다음과 같은 장점이 있어요. 첫째, 우리 지역의 믿을 만한 판매자에게서 농산물을 살 수 있다는 점. 둘째, 우리 지역의 농산물을 사면서 우리 지역에 도움을 준다는 점. 셋째, 먼 거리로 농산물을 옮기면서 생기는 포장, 운반 비용을 줄일 수 있어 환경을 보호할 수 있다는 점. 로컬푸드 장터를 이용하는 게 좋을까요?

🌷 **내 생각을 글쓰기로 완성해요.**

① 질문에 대해 간단하게 답을 쓰며 생각을 틔워요.

나의 선택은?	나는 (갈라 / 달라)의 생각에 (동의한다.)
그렇게 생각하는 이유는?	
다른 이유가 있다면?	
내 생각을 다시 말하자면?	

② 내 생각을 줄글로 써요.

157

8

환경에 따라 달라지는 다양한 삶의 모습을 살펴볼까?

34

초등 3학년 2학기 사회 1단원 ⇒ 환경에 따라 다른 삶의 모습

자연환경이 인문환경보다 중요할까?

🌷 사회 교과 어휘의 뜻을 살펴봐요.

자연환경
自然環境

: 사람을 둘러싼 산, 들, 바다, 계곡과 같은 자연의 환경

🌷 교과서 속 문장을 소리 내어 읽어요.

> 세계 사람들은 서로 다른 자연환경에서 살고 있습니다.
> 자연환경에 따라 사람들이 사는 모습이 달라집니다.
> 사람들이 살기 좋다고 생각하는 자연환경은 어떤 환경일까요?
> 우리 고장의 자연환경을 살펴봅시다.

🌷 어휘를 따라 쓰며 예문으로 어휘를 익혀요.

사람을 둘러싼 것 중에 산, 들, 강, 바다와 같은 자연 그대로 것을 자연환경 이라고 하는 거 맞지?

그럼 인간의 노력으로 만들어진 건 인문환경 이지?

그렇지. 그렇다면 퀴즈를 하나 내 볼게. 자연환경 보다 인문환경 이 발달한 곳은 도시일까? 촌락일까?

🌷 어울리는 어휘를 찾아 선으로 연결하세요.

- 사람을 둘러싼 산, 들, 바다, 계곡과 같은 자연의 환경 •   • 인문환경

- 자연환경을 이용해 만든 다리, 역, 도로, 학교, 등의 환경 •   • 자연환경

🌷 다음 뜻 또는 설명에 알맞은 말을 [보기]에서 찾아 쓰세요.

> **보기**
>
> 의료 시설, 문화 시설, 편의 시설

① 병을 고칠 때 이용하는 시설

② 문화를 누리는 데 필요한 시설

③ 살기 편하게 도움을 주는 시설

🌷 내가 사는 고장의 인문환경을 설명해 보세요.

> **예** 내가 사는 고장의 인문환경에는 도서관, 병원, 공연장, 월드컵경기장, 시청 등이 있다.

내가 사는 고장의 인문환경에는

🌷 논술 주제에 관한 갈라와 달라의 생각을 살펴봐요.

자연환경이 인문환경보다 중요하다.

인문환경이 자연환경보다 중요하다.

갈라
"자연환경이 인문환경보다 중요하다."

이유1
사람은 깨끗한 자연환경이 있는 곳에서 살고 싶어 하기 때문이다.

이유2
자연환경이 있어야 인문환경을 만들 수 있기 때문이다.

달라
"인문환경이 자연환경보다 중요하다."

이유1
인문환경이 잘 갖춰진 곳이 살기 편한 곳이기 때문이다.

이유2
인문환경은 사람들이 만들고 싶은 대로 만들 수 있기 때문이다.

미리 배우는 사회 교과 지식

자연환경과 인문환경 중 더 중요한 것을 고르기 위해서는 우리 고장에서 볼 수 있는 자연환경과 인문환경을 떠올려 보는 게 좋아요. 우리 고장에 있는 산, 하천, 바다가 좋다면 자연환경을, 우리 고장에 있는 멋진 건물(아파트), 넓은 도로, 쾌적한 공원 등이 좋다면 인문환경을 선택하겠죠? 여러분은 둘 중 어떤 걸 선택하고 싶나요?

🌷 **내 생각을 글쓰기로 완성해요.**

① 질문에 대해 간단하게 답을 쓰며 생각을 틔워요.

나의 선택은?	나는 (갈라 / 달라)의 생각에 (동의한다.)
그렇게 생각하는 이유는?	
다른 이유가 있다면?	
내 생각을 다시 말하자면?	

② 내 생각을 줄글로 써요.

35 자연환경에 따라 사람들의 의식주가 달라질까?

초등 3학년 2학기 사회 1단원 ⇒ 환경에 따라 다른 삶의 모습

🌷 사회 교과 어휘의 뜻을 살펴봐요.

의식주
衣食住

: 사람이 사는 데 필요한 옷, 음식, 집을 묶어 가리키는 말

🌷 교과서 속 문장을 소리 내어 읽어요.

> 과거의 의식주는 오늘날의 의식주와 달랐습니다.
> 의식주는 사람이 인간답게 사는 데 필요한 것입니다.
> 우리 고장 사람들과 다른 고장 사람들의 의식주에는 차이점이 있습니다.
> 산지촌에 사는 사람과 어촌에 사는 사람의 의식주에는 차이가 있습니다.

🌷 어휘를 따라 쓰며 예문으로 어휘를 익혀요.

자연환경 에 따라 사람들의 사는 모습이 달라질까?

사람들의 의식주 를 살펴보면 다른 점을 알 수 있지 않을까?

예를 들어, 매우 추운 곳에 사는 사람들과 매우 더운 곳에 사는 사람들의 의식주 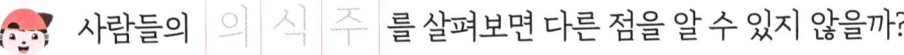 를 조사해 보면 되겠네?

🌷 어울리는 어휘를 찾아 선으로 연결하세요.

| 사람이 사는 데 필요한 옷, 음식, 집을 묶어 가리키는 말 | • | • | 자연환경 |
| 사람들을 둘러싼 자연의 것들 (강, 바다, 산 등) | • | • | 의식주 |

🌷 다음 뜻 또는 설명에 알맞은 말을 [보기]에서 찾아 쓰세요.

보기   지형, 우데기, 갯벌

① 바닷물이 빠져나간 뒤 남은 넓은 땅

② 땅의 모양, 땅의 생김새

③ 눈, 비, 바람을 막기 위해 치는 벽

🌷 옛날 주생활과 오늘날 주생활의 차이점을 설명해 보세요.

예 옛날 주생활과 오늘날 주생활의 차이점은 집의 종류가 달라진 것이다. 옛날에는 사람들이 한옥에 살았다. 그런데 오늘날에는 사람들이 양옥이나 아파트에 산다.

옛날 주생활과 오늘날 주생활의 차이점은

🌷 논술 주제에 관한 갈라와 달라의 생각을 살펴봐요.

> 자연환경에 따라 사람들의 의식주가 달라진다.
>
> 자연환경에 따라 사람들의 의식주가 달라지지 않는다.

갈라

"자연환경에 따라 사람들의 의식주가 달라진다."

이유1
농촌이나 산지촌에 사는 사람들보다 어촌에 사는 사람들이 해산물을 자주 먹을 수 있기 때문이다.

이유2
바다 옆에 사는 사람들과 산 옆에 사는 사람들이 생활하는 모습은 다를 수밖에 없기 때문이다.

달라

"자연환경에 따라 사람들의 의식주가 달라지지 않는다."

이유1
산지촌에 살든, 농촌에 살든 비슷한 옷을 입고, 비슷한 음식을 먹기 때문이다.

이유2
어촌에 사는 사람도 아파트에 살고, 도시에 사는 사람도 아파트에 살기 때문이다.

미리 배우는 사회 교과 지식

같은 9월에도 평균 기온이 낮은 강원도에서는 긴팔 옷을 입고, 평균 기온이 높은 제주도에서는 반팔 옷을 입어요. 산이 많은 강원도에는 곤드레나물밥과 같은 나물을 이용한 음식이 많고, 바다와 가까운 부산이나 제주도에는 해산물과 관련된 음식이 많죠. 그 이유가 무엇일까요? 이러한 이유를 곰곰이 생각해 보면 글을 쓸 때 도움이 될 거예요.

🌷 **내 생각을 글쓰기로 완성해요.**

① 질문에 대해 간단하게 답을 쓰며 생각을 틔워요.

나의 선택은?	나는 (갈라 / 달라)의 생각에 (동의한다.)
그렇게 생각하는 이유는?	
다른 이유가 있다면?	
내 생각을 다시 말하자면?	

② 내 생각을 줄글로 써요.

36

초등 4학년 2학기 사회 1단원 ⇒ 촌락과 도시의 생활 모습

산지촌이 어촌보다 살기 좋을까?

🌷 사회 교과 어휘의 뜻을 살펴봐요.

산지촌
山地村

: 산지 주변에 만들어진 마을

🌷 교과서 속 문장을 소리 내어 읽어요.

> 촌락은 크게 농촌, 어촌, 산지촌으로 나눌 수 있습니다.
> 산지촌에서는 주로 임업과 목축업을 합니다.
> 산지촌에서는 높은 산이나 나무가 우거진 숲을 볼 수 있습니다.
> 산지촌에서는 자연환경을 이용해 휴양림, 목장, 스키장 등을 운영하기도 합니다.

🌷 어휘를 따라 쓰며 예문으로 어휘를 익혀요.

- 👧 어촌 에 사는 사람들은 수산물을 많이 먹겠지?
- 🧒 아마도? 그럼, 산지촌 에 사는 사람들은 뭘 많이 먹을까?
- 👧 당연히 산지촌 에서 얻기 쉬운 나물이나 버섯, 소고기 같은 것들을 많이 먹지 않을까?

🌷 어울리는 어휘를 찾아 선으로 연결하세요.

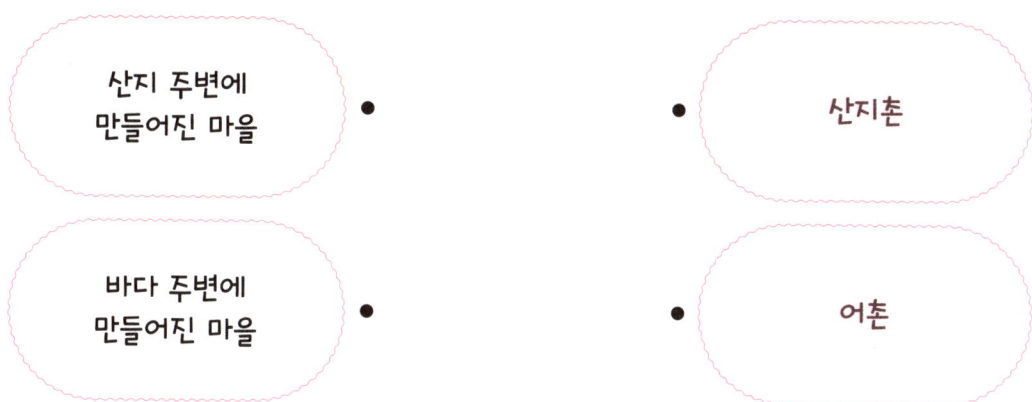

🌷 다음 뜻 또는 설명에 알맞은 말을 [보기]에서 찾아 쓰세요.

보기

농촌, 폐광, 항구

① 광물을 캐지 않는 광산

② 넓은 들이나 하천 주변에 만들어진 마을

③ 배가 드나들며 사람이나 짐을 싣고 내리는 곳

🌷 산지촌에서 볼 수 있는 것을 설명해 보세요.

예 산지촌에서 볼 수 있는 것은 목장, 양봉장 등이다. 목장에서는 소나 양, 염소를 키우고, 양봉장에서는 벌을 키운다.

산지촌에서 볼 수 있는 것은

논술 주제에 관한 갈라와 달라의 생각을 살펴봐요.

> 산지촌이 어촌보다 살기 좋다.
> VS
> 어촌이 산지촌보다 살기 좋다.

갈라

"산지촌이 어촌보다 살기 좋다."

이유1
산지촌은 산과 가까운 곳에 있고 나무가 많아 공기가 맑기 때문이다.

이유2
산지촌은 캠핑하거나 산책할 수 있는 장소가 많기 때문이다.

달라

"어촌이 산지촌보다 살기 좋다."

이유1
어촌은 바다와 가까워 여러 종류의 수산물을 쉽게 얻을 수 있기 때문이다.

이유2
어촌은 매일 파도 소리를 들을 수 있고, 배나 보트를 탈 수 있기 때문이다.

미리 배우는 사회 교과 지식

산지촌에서는 높은 산, 나무가 우거진 숲, 광산 같은 모습을 볼 수 있어요. 어촌에서는 바다나 모래사장, 소금을 만드는 염전이나 진흙이 쌓인 갯벌과 같은 모습을 볼 수 있고요. 2가지 촌락은 자연환경의 차이로 인해 생활 모습, 사람들이 하는 일도 다르겠죠? 여러분은 둘 중 어떤 곳을 고를 건가요? 촌락의 자연환경, 생활 모습, 사람들이 하는 일 등을 잘 고민해서 선택해 보세요.

🌷 **내 생각을 글쓰기로 완성해요.**

① 질문에 대해 간단하게 답을 쓰며 생각을 틔워요.

나의 선택은?	나는 (갈라 / 달라)의 생각에 (동의한다.)
그렇게 생각하는 이유는?	
다른 이유가 있다면?	
내 생각을 다시 말하자면?	

② 내 생각을 줄글로 써요.

37 특별시가 광역시보다 살기 좋을까?

초등 3학년 1학기 사회 1단원 ⇒ 우리 고장의 모습

🌷 사회 교과 어휘의 뜻을 살펴봐요.

광역시
廣域市

: 전국의 지방 자치 단체 중의 하나

🌷 교과서 속 문장을 소리 내어 읽어요.

> 우리 고장은 광역시일까요?
> 우리 지역은 미래에 광역시로 승격될 수도 있습니다.
> 부산광역시는 원래 부산직할시였습니다.
> 울산은 광역시가 되며 점점 발전하기 시작했습니다.

🌷 어휘를 따라 쓰며 예문으로 어휘를 익혀요.

- 서울 |특|별|시| 는 우리나라의 대표적인 중심지 맞지?
- 그렇지, 특별시 이외에도 |광|역|시| 들도 중심지야.
- 너희 둘의 생각은 반만 맞고, 반은 틀린 것 같아. |특|별|시|, |광|역|시| 라고 해서 모든 곳이 중심지인 것은 아니고, 그 안에서도 중심지인 곳과 그렇지 않은 곳으로 나눠지는 게 아닐까?

🌷 어울리는 어휘를 찾아 선으로 연결하세요.

| 행정구역 중 하나로 특별행정구역인 도시 | • | • | 특별시 |
| 지방자치단체의 행정구역 중 하나인 광역자치단체 | • | • | 광역시 |

🌷 다음 뜻 또는 설명에 알맞은 말을 [보기]에서 찾아 쓰세요.

보기

서울특별시, 광주광역시, 부산광역시

① 경상남도의 남동쪽에 있는 광역시

② 대한민국의 수도

③ 전라남도의 중앙에 있는 광역시

🌷 내가 알고 있는 특별시, 광역시를 설명해 보세요.

예 우리나라의 특별시는 딱 하나뿐이고, 이름은 서울특별시이다. 광역시는 6개가 있다.

우리나라의 특별시는

우리나라의 광역시는

논술 주제에 관한 갈라와 달라의 생각을 살펴봐요.

특별시가 광역시보다 살기 좋다.

광역시가 특별시보다 살기 좋다.

갈라

"특별시가
광역시보다 살기 좋다."

이유1
특별시가 정치, 경제의 가장 큰 중심지이기 때문이다.

이유2
사람은 자라면 서울로 보내라는 속담이 있기 때문이다.

달라

"광역시가
특별시보다 살기 좋다."

이유1
특별시처럼 사람이 너무 많이 사는 곳은 복잡하기 때문이다.

이유2
특별시보다는 부족하지만, 광역시도 충분히 중심지이기 때문이다.

미리 배우는 사회 교과 지식

특별시와 광역시 중 살기 좋은 한 곳을 정하는 것은 무척 어려운 일이에요. 왜냐하면 사람들마다 살기 좋다고 생각하는 기준이 다르기 때문이죠. 우리나라에는 1개의 특별시와 6개의 광역시가 있어요. 우리나라의 수도인 서울이 특별시죠. 인천, 대전, 대구, 광주, 울산, 부산처럼 인구 100만 명이 넘는 곳이 광역시고요. 이번 주제는 대한민국의 수도인 서울에서 살고 싶은지, 서울보다는 규모가 작은 지방 광역시에서 살고 싶은지를 묻는 내용이에요. 여러분은 어떤 선택을 하고 싶나요?

🌷 **내 생각을 글쓰기로 완성해요.**

① 질문에 대해 간단하게 답을 쓰며 생각을 틔워요.

나의 선택은?	나는 (갈라 , 달라)의 생각에 (동의한다.)
그렇게 생각하는 이유는?	
다른 이유가 있다면?	
내 생각을 다시 말하자면?	

② 내 생각을 줄글로 써요.

38 중심지에서 사는 게 편할까?

초등 4학년 1학기 사회 1단원 ⇒ 지역의 위치와 특성

🌸 사회 교과 어휘의 뜻을 살펴봐요.

중심지
中心地

: 여러 시설이 있고 사람이 많이 모이는 곳

🌸 교과서 속 문장을 소리 내어 읽어요.

> ★ 서울은 경제, 교통, 문화의 중심지입니다.
> 중심지는 이곳을 이용하기 위한 사람들로 붐빕니다.
> 기차역, 터미널, 공항 등은 교통의 중심지가 됩니다.
> 산업, 교통, 상업의 중심지처럼 중심지마다 그 기능이 다릅니다. ★

🌸 어휘를 따라 쓰며 예문으로 어휘를 익혀요.

이곳에는 사람들이 왜 이렇게 밀 집 해 있는 거지?

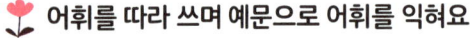

이곳이 우리 고장에서 제일가는 중 심 지 이기 때문이지.

중 심 지 에는 구경할 것도, 사고 싶은 것도, 먹고 싶은 것도 많이 있으니까 사람들이 모이는 거지. 물론 사람이 많은 만큼 자동차도 매우 많아 복잡하지만 말이야.

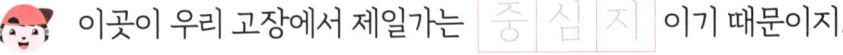

🌷 어울리는 어휘를 찾아 선으로 연결하세요.

| 빈틈없이 빽빽하게 모이는 것 | • | | • | 밀집 |
| 여러 시설이 있고 사람이 많이 모이는 곳 | • | | • | 중심지 |

🌷 다음 뜻 또는 설명에 알맞은 말을 [보기]에서 찾아 쓰세요.

보기

상업, 교통, 행정

① 자동차, 기차 등으로 이동하기 위해 모이는 곳　　　　　　＿＿＿＿＿의 중심지

② 상품을 사고팔기 위해 모이는 곳　　　　　　　　　　　　＿＿＿＿＿의 중심지

③ 행정 업무를 보기 위해 모이는 곳　　　　　　　　　　　　＿＿＿＿＿의 중심지

🌷 중심지에 사람들이 모이는 이유를 써 보세요.

예 중심지에 사람들이 모이는 이유는 그곳에 사람들이 필요로 하는 것들이 모여 있기 때문이다. 예를 들어 물건을 사고파는 사람들은 시장, 마트, 백화점이 있는 곳으로 모이게 된다.

중심지에 사람들이 모이는 이유는

논술 주제에 관한 갈라와 달라의 생각을 살펴봐요.

> 중심지에서 사는 게 편하다.
>
> 중심지에서 사는 게 불편하다.

갈라

"중심지에서 사는 게 편하다."

이유1
중심지에는 터미널, 기차역 등 편리한 교통시설이 많이 모여 있기 때문이다.

이유2
중심지에는 시장, 마트, 백화점 등이 있어 필요한 물건을 쉽게 사고 팔 수 있기 때문이다.

달라

"중심지에서 사는 게 불편하다."

이유1
중심지에는 사람이 너무 많이 모여 시끄럽기 때문이다.

이유2
중심지에는 차가 많이 모여 교통체증이 있어 복잡하기 때문이다.

미리 배우는 사회 교과 지식

중심지는 도시에만 있는 것일까요? 아니에요. 촌락에도, 도시에도, 중심지가 있어요. 이러한 중심지는 환경을 어떻게 이용하고, 개발하느냐에 따라 변하기도 해요. 과거에 중심지가 아니었던 곳이 중심지가 되기도 하고, 과거에 중심지로 기능하면서 사람들이 모이던 곳이 요즘에는 한적한 곳으로 바뀌기도 하죠. 중심지의 이동에 따라 도시 경관, 사람들이 사는 모습도 함께 변하게 돼요.

🌷 **내 생각을 글쓰기로 완성해요.**

① 질문에 대해 간단하게 답을 쓰며 생각을 틔워요.

나의 선택은?	나는 (갈라 , 달라)의 생각에 (동의한다.)
그렇게 생각하는 이유는?	
다른 이유가 있다면?	
내 생각을 다시 말하자면?	

② 내 생각을 줄글로 써요.

39 지역마다 기온과 강수량이 다를까?

초등 3학년 2학기 사회 1단원 ⇒ 환경에 따라 다른 삶의 모습

🌷 사회 교과 어휘의 뜻을 살펴봐요.

기온
氣溫

: 공기의 온도

🌷 교과서 속 문장을 소리 내어 읽어요.

> 하루 기온은 오후 2시경이 가장 높습니다.
> 우리 고장은 다른 고장에 비해 평균 기온이 높은 편입니다.
> 2월과 7월 중 평균 기온이 높은 달은 7월입니다.
> 보통 북쪽보다 남쪽 지역의 기온이 더 높습니다.

🌷 어휘를 따라 쓰며 예문으로 어휘를 익혀요.

 우리 지역은 평균 기 온 이 높은 편이야.

 맞아, 다른 지역에 비해 강 수 량 도 많은 편이지.

 그래서 나는 우리 지역이 좋아. 평균 기 온 이 높아 따뜻하고, 강 수 량 도 많아 내가 좋아하는 비 오는 날이 많아서!

🌷 어울리는 어휘를 찾아 선으로 연결하세요.

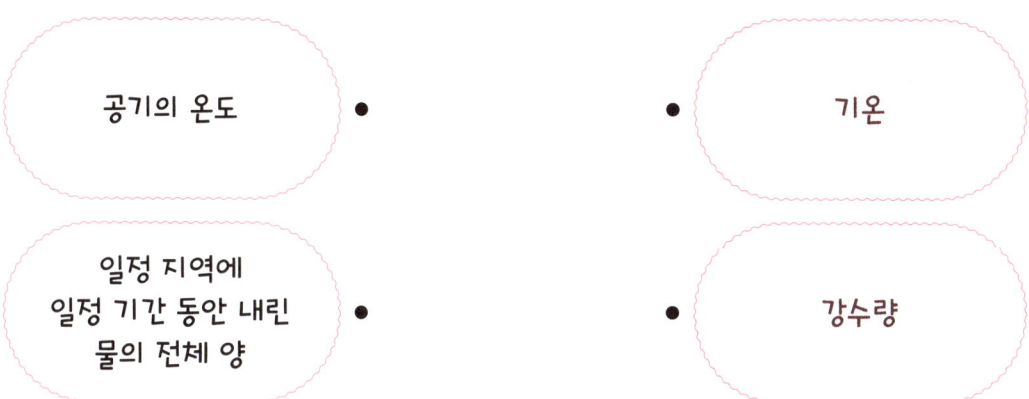

🌷 다음 뜻 또는 설명에 알맞은 말을 [보기]에서 찾아 쓰세요.

> [보기]
>
> 사계절, 예보, 일기

① 미래에 일어날 일을 알려 주는 보도

② 봄, 여름, 가을, 겨울 4가지의 철

③ 비, 구름, 눈 등 그날의 기상 상태

🌷 기온이 높은 날과 낮은 날의 차이점을 설명해 보세요.

> 예 | 기온이 높은 날과 낮은 날의 차이점은 입는 옷이 다르다는 것이다. 기온이 높은 날에는 얇은 옷이나 반팔 옷을 입는다. 기온이 낮은 날에는 두꺼운 옷이나 긴팔 옷을 입는다.

기온이 높은 날과 낮은 날의 차이점은

🌷 논술 주제에 관한 갈라와 달라의 생각을 살펴봐요.

> 지역마다 기온과 강수량이 다르다.
>
> 지역마다 기온과 강수량이 다르지 않다.

갈라

"지역마다 기온과 강수량이 다르다."

이유1
지역마다 위도, 해발고도 등이 다르기 때문이다.

이유2
해류, 기단 등이 지역에 따라 다르게 영향을 미치기 때문이다.

달라

"지역마다 기온과 강수량이 다르지 않다."

이유1
지역마다 지리적 위치가 다르긴 하지만 기온과 강수량의 차이는 그다지 크지 않기 때문이다.

이유2
지역마다 자연환경이 다르긴 하지만 대한민국은 면적이 넓지 않아 지역 간 기온과 강수량은 거의 비슷하기 때문이다.

미리 배우는 사회 교과 지식

기상청의 자료에 따르면 1991년부터 2020년까지 30년을 기준으로 했을 때, 강원도 철원의 평균 기온은 -3.0℃, 강수량은 0.9mm, 대전의 평균 기온은 1.1℃, 강수량은 0.8mm, 부산의 평균 기온은 5.7℃, 강수량은 0.9mm, 제주의 평균 기온은 8.1℃, 강수량은 1.3mm라고 해요. 글쓰기를 할 때 이런 정보들이 도움이 되면 좋겠어요. 더 많은 정보는 '기상청 기상자료개방포털'에서 찾아볼 수 있어요.

🌷 **내 생각을 글쓰기로 완성해요.**

① 질문에 대해 간단하게 답을 쓰며 생각을 틔워요.

나의 선택은?	나는 (갈라 / 달라)의 생각에 (동의한다.)
그렇게 생각하는 이유는?	
다른 이유가 있다면?	
내 생각을 다시 말하자면?	

② 내 생각을 줄글로 써요.

40 도시 문제를 해결해야 할까?

초등 3학년 2학기 사회 1단원 ⇒ 환경에 따라 다른 삶의 모습

🌷 사회 교과 어휘의 뜻을 살펴봐요.

도시 문제
都市 問題

: 도시에서 일어나는 주택, 교통, 환경 등의 문제

🌷 교과서 속 문장을 소리 내어 읽어요.

> 좁은 지역에 많은 사람이 살게 되면서 도시 문제가 생겨났습니다.
> 도시 문제는 대표적인 도시 문제입니다.
> 도시 문제를 해결하기 위해서는 지역 사회가 힘을 모아야 합니다.
> 쓰레기 배출로 인한 환경 문제도 해결해야 하는 도시 문제입니다.

🌷 어휘를 따라 쓰며 예문으로 어휘를 익혀요.

- 도 시 화 가 되면서 어떤 일이 생겨났을까?

- 도 시 화 가 되면서 도로도 넓어지고, 멋진 건물도 많이 생기게 되었지. 도시로 이사 오는 사람들도 많아졌고….

- 하지만 단점도 있어. 주택, 교통 문제와 같은 도 시 문 제 들이 늘어 나게 되었으니까….

🌷 어울리는 어휘를 찾아 선으로 연결하세요.

도시에서 일어나는 주택, 교통, 환경 등의 문제 ●	● 도시 문제
도시가 되어 가는 과정 ●	● 도시화

🌷 다음 뜻 또는 설명에 알맞은 말을 [보기]에서 찾아 쓰세요.

보기

주택, 교통체증, 범죄

① 자동차가 너무 많아 차의 이동이 힘든 상태

② 법을 어기고 잘못한 것

③ 사람들이 사는 건물

🌷 도시 문제 중 교통 문제가 생기는 이유를 써 보세요.

예 도시 문제 중 교통 문제가 생기는 이유는 길은 좁고, 자동차가 많기 때문이다. 또한 교통 규칙을 지키지 않는 사람들 때문에 교통 문제가 심해지기도 한다.

도시 문제 중 교통 문제가 생기는 이유는

🌷 논술 주제에 관한 갈라와 달라의 생각을 살펴봐요.

> 도시 문제를 해결해야 한다.
>
> 도시 문제를 해결하지 않아도 된다.

갈라

"도시 문제를 해결해야 한다."

이유1
도시 문제를 해결하지 않으면 더 심각하고, 무서운 도시 문제가 생겨날 수 있기 때문이다.

이유2
교통 문제, 주택 문제, 환경 문제와 같은 도시 문제가 해결되어야만 도시에 사는 사람들이 편리하고 행복하게 살 수 있기 때문이다.

달라

"도시 문제를 해결하지 않아도 된다."

이유1
어차피 하나의 도시 문제를 해결하더라도 또 다른 도시 문제가 다시 생겨나기 때문이다.

이유2
도시 문제를 해결하기 위해서는 여러 사람의 노력과 오랜 시간, 큰 비용이 필요하기 때문이다.

미리 배우는 사회 교과 지식

우리나라 사람의 대부분은 도시에 살고 있죠. 그래서 다양한 도시 문제가 생겨나고, 이를 해결하기 위한 노력도 계속되고 있어요. 개인들은 교통 문제를 해결하기 위해 대중교통을 이용하기도 하죠. 또 환경 문제를 해결하기 위해 쓰레기 분리 배출에 신경 쓰기도 하고요. 정부에서는 교통 문제의 해결을 위해 차량 2부제를 시행하거나, 환경 문제의 해결을 위해 전기차 세금 감면 혜택 등의 정책을 펴고 있어요. 여러분은 도시 문제의 해결에 대해 어떻게 생각하나요?

🌷 **내 생각을 글쓰기로 완성해요.**

① 질문에 대해 간단하게 답을 쓰며 생각을 틔워요.

나의 선택은?	나는 (갈라 , 달라)의 생각에 (동의한다.)
그렇게 생각하는 이유는?	
다른 이유가 있다면?	
내 생각을 다시 말하자면?	

② 내 생각을 줄글로 써요.

정답

1 핵가족이 확대가족보다 행복할까?

🌱 어울리는 어휘를 찾아 선으로 연결하세요.

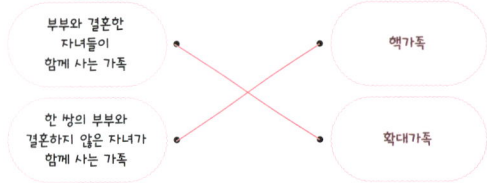

🌱 다음 뜻 또는 설명에 알맞은 말을 [보기]에서 찾아 쓰세요.

> [보기]　미혼, 부부, 조부모

① 할아버지와 할머니　　　　　조부모
② 남편과 아내　　　　　　　　부부
③ 결혼하지 않은 사람　　　　　미혼

2 저출산보다 고령화가 문제일까?

🌱 어울리는 어휘를 찾아 선으로 연결하세요.

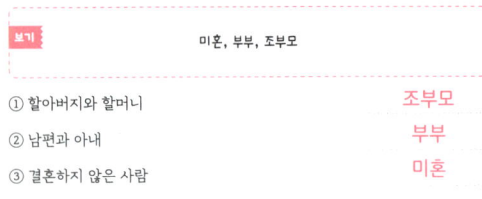

🌱 다음 뜻 또는 설명에 알맞은 말을 [보기]에서 찾아 쓰세요.

> [보기]　출산, 고령, 생산 인구

① 아이를 낳음　　　　　　　　　　출산
② 생산 활동을 할 수 있는 사람의 수　생산 인구
③ 나이를 많이 먹은 사람　　　　　　고령

3 다문화 가정을 도와줘야 할까?

🌱 어울리는 어휘를 찾아 선으로 연결하세요.

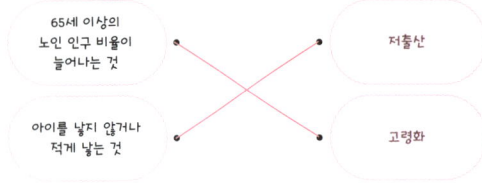

🌱 다음 뜻 또는 설명에 알맞은 말을 [보기]에서 찾아 쓰세요.

> [보기]　외국인, 국제결혼, 이주여성

① 서로 다른 국적의 남녀가 결혼하는 것　　국제결혼
② 한국인과 결혼하여 한국에 사는 여성　　이주여성
③ 다른 나라 사람　　　　　　　　　　　　외국인

4 인터넷 중독보다 개인정보 유출이 위험할까?

🌱 어울리는 어휘를 찾아 선으로 연결하세요.

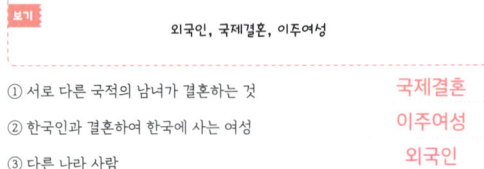

🌱 다음 뜻 또는 설명에 알맞은 말을 [보기]에서 찾아 쓰세요.

> [보기]　개인정보, 인터넷, 과의존

① 어떤 것에 심하게 의존하는 것　　　　　　　과의존
② 이름, 주민등록번호 등 개인과 관련된 자료　개인정보
③ 컴퓨터 통신망　　　　　　　　　　　　　　인터넷

5 편견은 항상 버려야 하는 걸까?

🌱 어울리는 어휘를 찾아 선으로 연결하세요.

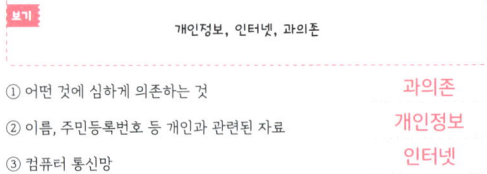

🌱 다음 뜻 또는 설명에 알맞은 말을 [보기]에서 찾아 쓰세요.

> [보기]　선입견, 불공정, 고정관념

① 어떤 것에 관해 이미 가진 생각　선입견
② 잘 변하지 않는 관념　　　　　　고정관념
③ 공평하고 올바르지 않은 것　　　불공정

6 옛날 풍습을 오늘날에도 해야 할까?

🌸 어울리는 어휘를 찾아 선으로 연결하세요.

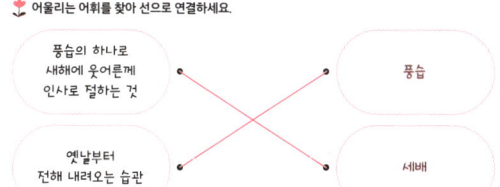

🌸 다음 뜻 또는 설명에 알맞은 말을 [보기]에서 찾아 쓰세요.

[보기] 널뛰기, 강강술래, 덕담

① 긴 널빤지에서 번갈아 뛰는 놀이 — 널뛰기
② 새해에 다른 사람에게 해 주는 좋은 말 — 덕담
③ 원을 그려 춤추고 노래를 부르는 놀이 — 강강술래

7 교통수단에 따라 사람들의 생활 모습이 변했을까?

🌸 어울리는 어휘를 찾아 선으로 연결하세요.

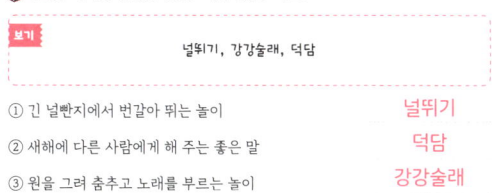

🌸 다음 뜻 또는 설명에 알맞은 말을 [보기]에서 찾아 쓰세요.

[보기] 전차, 증기선, 가마

① 증기 기관의 힘으로 이동하는 배 — 증기선
② 작은 집 모양의 타는 것 — 가마
③ 전기의 힘으로 궤도 위를 다니는 차 — 전차

8 통신수단에 따라 사람들의 생활 모습이 변했을까?

🌸 어울리는 어휘를 찾아 선으로 연결하세요.

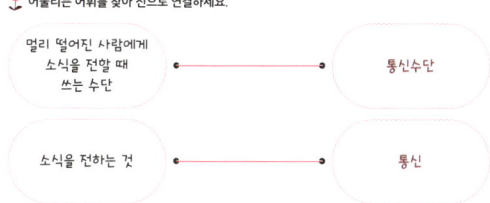

🌸 다음 뜻 또는 설명에 알맞은 말을 [보기]에서 찾아 쓰세요.

[보기] 봉수, 파발, 서찰

① 낮에는 연기, 밤에는 횃불로 소식을 전하는 것 — 봉수
② 말을 타고 소식을 전하는 것 — 파발
③ 사람을 통해 편지로 소식을 전하는 것 — 서찰

9 오래된 역사 자료가 요즘에도 필요할까?

🌸 어울리는 어휘를 찾아 선으로 연결하세요.

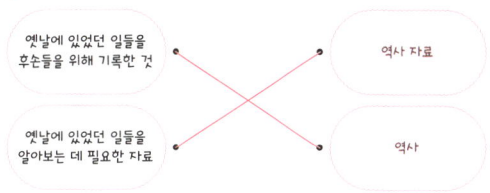

🌸 다음 뜻 또는 설명에 알맞은 말을 [보기]에서 찾아 쓰세요.

[보기] 훈민정음해례본, 고려청자, 연표

① 고려시대에 만들어진 푸른 자기 — 고려청자
② 훈민정음을 알리기 위한 책 — 훈민정음해례본
③ 역사 속 사건을 시간 순서로 적은 표 — 연표

10 명절마다 차례를 지내야 할까?

🌸 어울리는 어휘를 찾아 선으로 연결하세요.

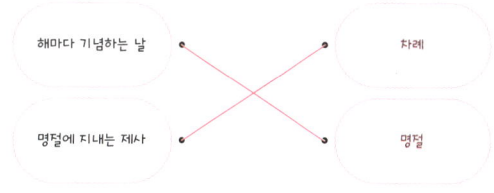

🌸 다음 뜻 또는 설명에 알맞은 말을 [보기]에서 찾아 쓰세요.

[보기] 설, 추석, 단오

① 음력 1월 1일 — 설
② 음력 8월 15일 — 추석
③ 음력 5월 5일 — 단오

11 모내기가 김매기보다 힘들까?

🌷 어울리는 어휘를 찾아 선으로 연결하세요.

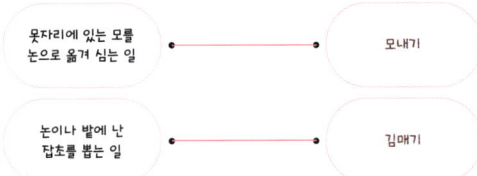

🌷 다음 뜻 또는 설명에 알맞은 말을 [보기]에서 찾아 쓰세요.

[보기] 수확, 풍년, 모

① 익은 농작물을 모으는 일 — 수확
② 옮겨심기 위해 가꾼 벼의 싹 — 모
③ 곡식이 아주 잘 자란 해 — 풍년

12 지도에 방위표가 꼭 필요할까?

🌷 어울리는 어휘를 찾아 선으로 연결하세요.

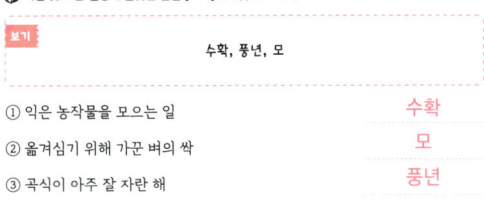

🌷 다음 그림에 알맞은 말을 [보기]에서 찾아 쓰세요.

4방위표, 8방위표, 16방위표

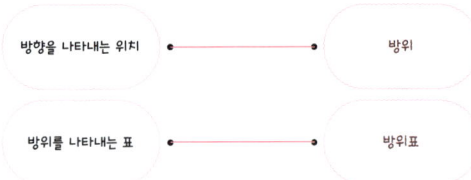

13 범례가 있는 지도가 좋은 지도일까?

🌷 어울리는 어휘를 찾아 선으로 연결하세요.

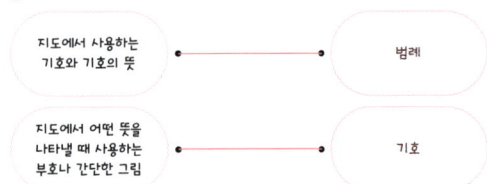

🌷 다음 그림에 알맞은 말을 [보기]에서 찾아 쓰세요.

과수원, 학교, 병원

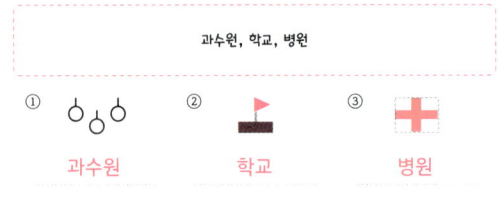

14 대축척 지도가 소축척 지도보다 보기 편할까?

🌷 어울리는 어휘를 찾아 선으로 연결하세요.

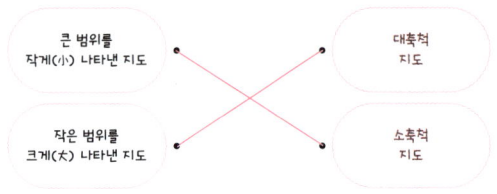

🌷 다음 뜻 또는 설명에 알맞은 말을 [보기]에서 찾아 쓰세요.

막대자, 비례식, 면적

① 1:50,000 — 비례식
② 어떤 공간을 차지하는 크기 — 면적
③ 0 ─── 1km — 막대자

15 땅의 높낮이는 등고선으로 보는 게 편할까?

🌷 어울리는 어휘를 찾아 선으로 연결하세요.

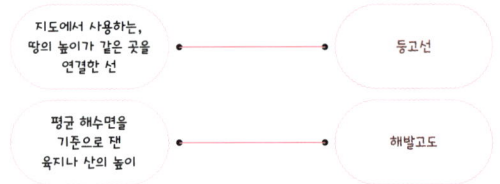

🌷 다음 뜻 또는 설명에 알맞은 말을 [보기]에서 찾아 쓰세요.

[보기] 급경사, 완경사, 해수면

① 경사가 가파른 곳 — 급경사
② 바닷물의 표면 — 해수면
③ 경사가 완만한 곳 — 완경사

16 백지도와 약도 중에서 어떤 게 더 쓸모 있을까?

🌸 어울리는 어휘를 찾아 선으로 연결하세요.

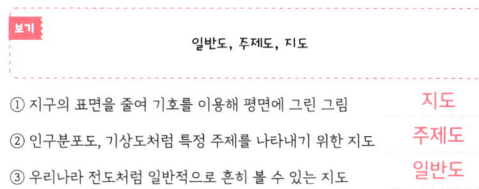

🌸 다음 뜻 또는 설명에 알맞은 말을 [보기]에서 찾아 쓰세요.

> [보기] 일반도, 주제도, 지도

① 지구의 표면을 줄여 기호를 이용해 평면에 그린 그림 — 지도
② 인구분포도, 기상도처럼 특정 주제를 나타내기 위한 지도 — 주제도
③ 우리나라 전도처럼 일반적으로 흔히 볼 수 있는 지도 — 일반도

17 디지털 영상 지도가 종이 지도보다 보기 편할까?

🌸 어울리는 어휘를 찾아 선으로 연결하세요.

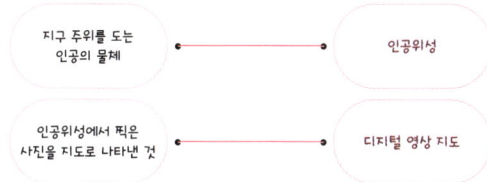

🌸 다음 뜻 또는 설명에 알맞은 말을 [보기]에서 찾아 쓰세요.

> [보기] 확대 기능, 위성사진, 위치 찾기 기능

① 장소를 입력해 위치를 찾는 기능 — 위치 찾기 기능
② + 버튼을 눌러 지도를 크게 보는 기능 — 확대 기능
③ 인공위성에서 찍은 사진 — 위성사진

18 지리 정보를 알면 생활에 도움이 될까?

🌸 어울리는 어휘를 찾아 선으로 연결하세요.

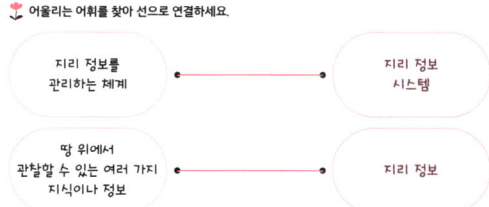

🌸 다음 뜻 또는 설명에 알맞은 말을 [보기]에서 찾아 쓰세요.

> [보기] 내비게이션, 버스 도착 정보, 위성 위치 확인 시스템

① 교통정보를 제공해 운전을 돕는 기계 — 내비게이션
② 인공위성으로 물체의 위치를 알려 주는 기술 — 위성 위치 확인 시스템
③ 버스의 위치를 파악해 도착 예정 시간 등을 알려 주는 정보 — 버스 도착 정보

19 무형 문화유산보다 유형 문화유산이 소중할까?

🌸 어울리는 어휘를 찾아 선으로 연결하세요.

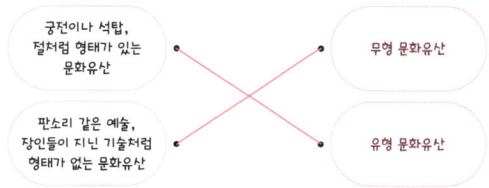

🌸 다음 뜻 또는 설명에 알맞은 말을 [보기]에서 찾아 쓰세요.

> [보기] 판소리, 공예품, 절

① 쓸모 있으면서도 아름다운 생활용품 — 공예품
② 고수와 소리꾼이 펼치는 국악 공연 — 판소리
③ 불상을 모시는 집 — 절

20 유적에 가면 지역의 역사를 알 수 있을까?

🌸 어울리는 어휘를 찾아 선으로 연결하세요.

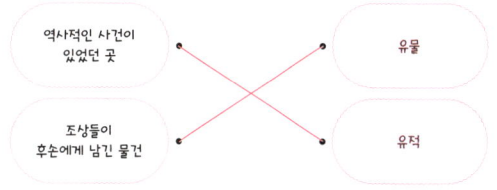

🌸 다음 뜻 또는 설명에 알맞은 말을 [보기]에서 찾아 쓰세요.

> [보기] 석탑, 훼손, 유래

① 돌을 이용해 쌓은 탑 — 석탑
② 무너뜨리거나 깨뜨려 사용하지 못하게 함 — 훼손
③ 어떠한 일, 물건이 생겨난 것 — 유래

21 답사는 사회 공부에 도움이 될까?

🌱 어울리는 어휘를 찾아 선으로 연결하세요.

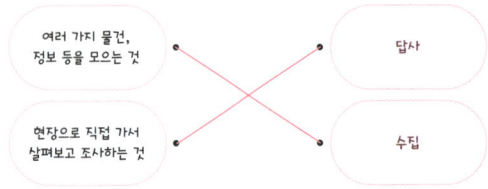

🌱 다음 뜻 또는 설명에 알맞은 말을 [보기]에서 찾아 쓰세요.

> [보기] 면담, 보고서, 조사

① 사람을 만나 이야기하는 것   면담
② 어떤 내용을 알기 위해 자세히 살펴봄   조사
③ 어떤 내용, 결과를 알리는 글   보고서

22 희소성을 생각하며 소비해야 할까?

🌱 어울리는 어휘를 찾아 선으로 연결하세요.

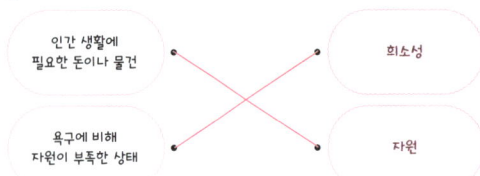

🌱 다음 뜻 또는 설명에 알맞은 말을 [보기]에서 찾아 쓰세요.

> [보기] 욕구, 재화, 충족

① 사람들의 욕구를 채워 주는 모든 물건   재화
② 무언가를 사거나, 하고 싶은 마음   욕구
③ 일정 분량을 채워 주어 부족함이 없음   충족

23 항상 합리적인 선택을 할 수 있을까?

🌱 어울리는 어휘를 찾아 선으로 연결하세요.

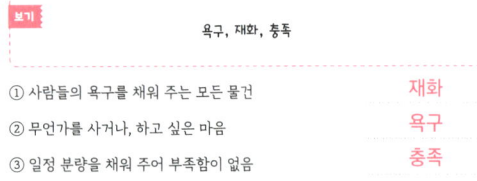

24 기회비용을 항상 따져야 할까?

🌱 어울리는 어휘를 찾아 선으로 연결하세요.

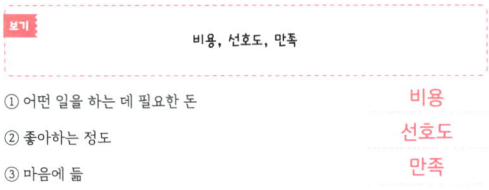

🌱 다음 뜻 또는 설명에 알맞은 말을 [보기]에서 찾아 쓰세요.

> [보기] 비용, 선호도, 만족

① 어떤 일을 하는 데 필요한 돈   비용
② 좋아하는 정도   선호도
③ 마음에 듦   만족

25 생산이 소비보다 중요할까?

🌱 어울리는 어휘를 찾아 선으로 연결하세요.

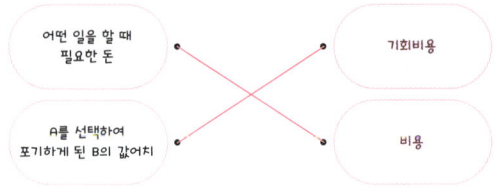

🌱 다음 뜻 또는 설명에 알맞은 말을 [보기]에서 찾아 쓰세요.

> [보기] 낭비, 품질, 포기

① 시간, 돈 등을 아끼지 않고 사용함   낭비
② 선택하지 않고 그만두는 것   포기
③ 물건의 성질   품질

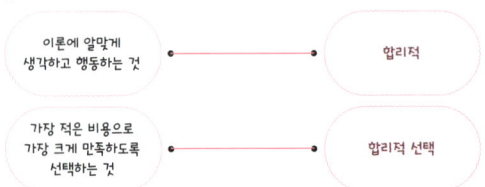

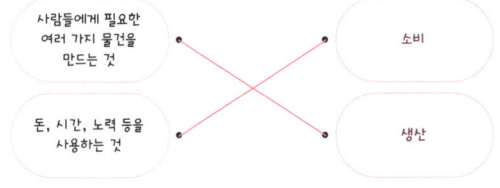

🌱 다음 뜻 또는 설명에 알맞은 말을 [보기]에서 찾아 쓰세요.

> [보기] 시장, 교류, 매입

① 물건 등을 사는 것   매입
② 문화, 생각 등을 서로 주고받는 것   교류
③ 생산된 물건을 사고파는 장소   시장

26 비싼 게 항상 좋은 상품일까?

🌱 어울리는 어휘를 찾아 선으로 연결하세요.

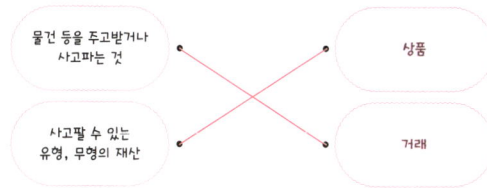

🌱 다음 뜻 또는 설명에 알맞은 말을 [보기]에서 찾아 쓰세요.

> [보기] 제공, 구매, 판매

① 물건 등을 주는 것 — 제공
② 물건 등을 사는 것 — 구매
③ 물건 등을 파는 것 — 판매

27 학교에서 민주주의를 실천할 수 있을까?

🌱 어울리는 어휘를 찾아 선으로 연결하세요.

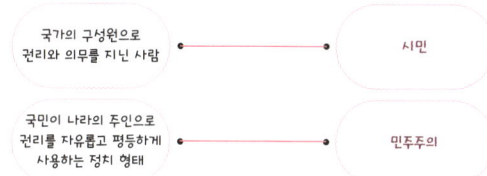

🌱 다음 뜻 또는 설명에 알맞은 말을 [보기]에서 찾아 쓰세요.

> [보기] 자유, 평등, 존엄성

① 신분, 재산, 성별 등으로 인해 차별받지 않는 것 — 평등
② 다른 사람의 간섭 없이 마음대로 행동할 수 있는 상태 — 자유
③ 높고 위엄이 있는 성질 — 존엄성

28 학교 자치는 학교에 필요할까?

🌱 어울리는 어휘를 찾아 선으로 연결하세요.

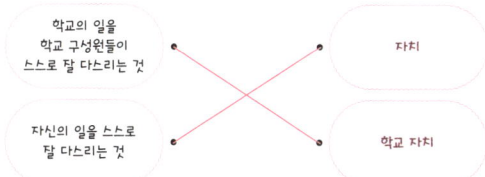

다음 뜻 또는 설명에 알맞은 말을 [보기]에서 찾아 쓰세요.

> [보기] 학생회, 다수결, 대의원

① 회의에 참석하는 대표 — 대의원
② 회의할 때 많은 사람의 의견에 따르는 것 — 다수결
③ 학생들이 중심이 되어 만든 모임 — 학생회

29 주민 자치가 주민들에게 도움이 될까?

🌱 어울리는 어휘를 찾아 선으로 연결하세요.

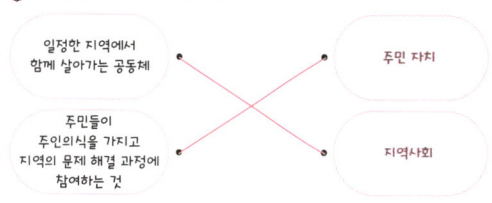

🌱 다음 뜻 또는 설명에 알맞은 말을 [보기]에서 찾아 쓰세요.

> [보기] 시청, 도청, 구청

① 구와 관련된 행정 사무를 처리하는 기관 — 구청
② 시와 관련된 행정 사무를 처리하는 기관 — 시청
③ 도와 관련된 행정 사무를 처리하는 기관 — 도청

30 주민 참여가 필요할까?

🌱 어울리는 어휘를 찾아 선으로 연결하세요.

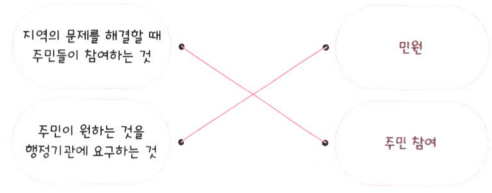

🌱 다음 뜻 또는 설명에 알맞은 말을 [보기]에서 찾아 쓰세요.

> [보기] 논의, 공공기관, 행정복지센터

① 공적인 이익을 위해 나라에서 만든 기관 — 공공기관
② 어떤 문제에 대해 토의하는 것 — 논의
③ 동, 면, 읍과 관련된 행정 사무를 처리하는 기관 — 행정복지센터

31 지역축제는 우리 지역에 도움이 될까?

🔖 어울리는 어휘를 찾아 선으로 연결하세요.

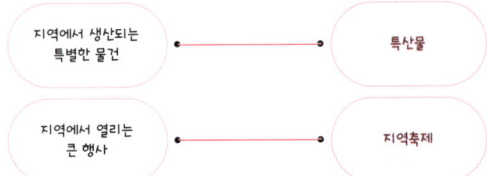

🔖 다음 뜻 또는 설명에 알맞은 말을 [보기]에서 찾아 쓰세요.

> [보기] 문화, 관광, 생산물

① 다른 지역이나 나라를 구경하는 일 — 관광
② 생산을 통해 만들어진 물건 — 생산물
③ 언어나 풍습처럼 사회 구성원에 의해 전달되는 생활 양식 — 문화

32 촌락과 도시는 상호의존해야 할까?

🔖 어울리는 어휘를 찾아 선으로 연결하세요.

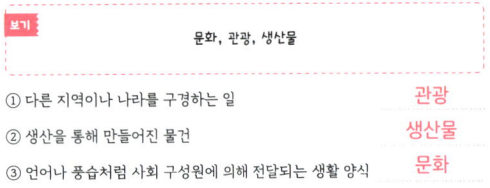

🔖 다음 뜻 또는 설명에 알맞은 말을 [보기]에서 찾아 쓰세요.

> [보기] 개발, 보전, 귀농

① 보호하고 유지하는 것 — 보전
② 자연을 사람들에게 편리하게 바꾸는 것 — 개발
③ 도시에서 농촌으로 돌아가는 것 — 귀농

33 로컬푸드 장터는 필요할까?

🔖 어울리는 어휘를 찾아 선으로 연결하세요.

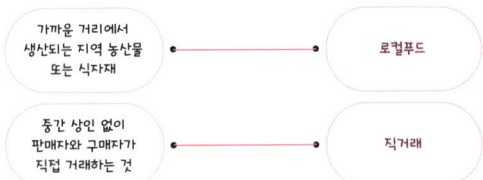

🔖 다음 뜻 또는 설명에 알맞은 말을 [보기]에서 찾아 쓰세요.

> [보기] 수확, 교환, 곡식

① 쌀, 보리, 밀 등 사람들의 식량 — 곡식
② 무언가를 서로 바꾸는 것 — 교환
③ 농작물을 거두어들이는 일 — 수확

34 자연환경이 인문환경보다 중요할까?

🔖 어울리는 어휘를 찾아 선으로 연결하세요.

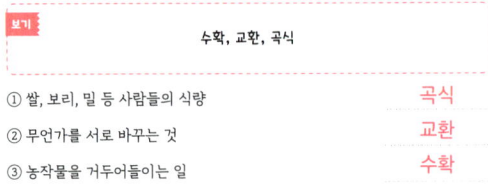

🔖 다음 뜻 또는 설명에 알맞은 말을 [보기]에서 찾아 쓰세요.

> [보기] 의료 시설, 문화 시설, 편의 시설

① 병을 고칠 때 이용하는 시설 — 의료 시설
② 문화를 누리는 데 필요한 시설 — 문화 시설
③ 살기 편하게 도움을 주는 시설 — 편의 시설

35 자연환경에 따라 사람들의 의식주가 달라질까?

🔖 어울리는 어휘를 찾아 선으로 연결하세요.

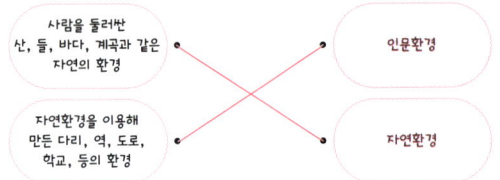

🔖 다음 뜻 또는 설명에 알맞은 말을 [보기]에서 찾아 쓰세요.

> [보기] 지형, 우데기, 갯벌

① 바닷물이 빠져나간 뒤 남은 넓은 땅 — 갯벌
② 땅의 모양, 땅의 생김새 — 지형
③ 눈, 비, 바람을 막기 위해 치는 벽 — 우데기

36 산지촌이 어촌보다 살기 좋을까?

🌸 어울리는 어휘를 찾아 선으로 연결하세요.

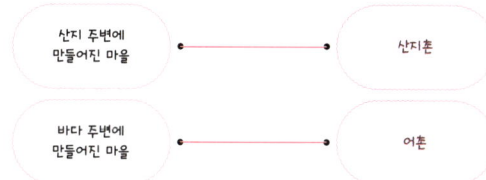

🌸 다음 뜻 또는 설명에 알맞은 말을 [보기]에서 찾아 쓰세요.

> 보기   농촌, 폐광, 항구

① 광물을 캐지 않는 광산 — 폐광
② 넓은 들이나 하천 주변에 만들어진 마을 — 농촌
③ 배가 드나들며 사람이나 짐을 싣고 내리는 곳 — 항구

37 특별시가 광역시보다 살기 좋을까?

🌸 어울리는 어휘를 찾아 선으로 연결하세요.

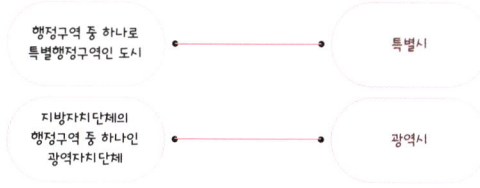

🌸 다음 뜻 또는 설명에 알맞은 말을 [보기]에서 찾아 쓰세요.

> 보기   서울특별시, 광주광역시, 부산광역시

① 경상남도의 남동쪽에 있는 광역시 — 부산광역시
② 대한민국의 수도 — 서울특별시
③ 전라남도의 중앙에 있는 광역시 — 광주광역시

38 중심지에서 사는 게 편할까?

🌸 어울리는 어휘를 찾아 선으로 연결하세요.

🌸 다음 뜻 또는 설명에 알맞은 말을 [보기]에서 찾아 쓰세요.

> 보기   상업, 교통, 행정

① 자동차, 기차 등으로 이동하기 위해 모이는 곳 — 교통의 중심지
② 상품을 사고팔기 위해 모이는 곳 — 상업의 중심지
③ 행정 업무를 보기 위해 모이는 곳 — 행정의 중심지

39 지역마다 기온과 강수량이 다를까?

🌸 어울리는 어휘를 찾아 선으로 연결하세요.

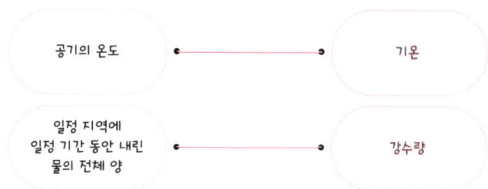

🌸 다음 뜻 또는 설명에 알맞은 말을 [보기]에서 찾아 쓰세요.

> 보기   사계절, 예보, 일기

① 미래에 일어날 일을 알려 주는 보도 — 예보
② 봄, 여름, 가을, 겨울 4가지의 철 — 사계절
③ 비, 구름, 눈 등 그날의 기상 상태 — 일기

40 도시 문제를 해결해야 할까?

🌸 어울리는 어휘를 찾아 선으로 연결하세요.

🌸 다음 뜻 또는 설명에 알맞은 말을 [보기]에서 찾아 쓰세요.

> 보기   주택, 교통체증, 범죄

① 자동차가 너무 많아 차의 이동이 힘든 상태 — 교통체증
② 법을 어기고 잘못한 것 — 범죄
③ 사람들이 사는 건물 — 주택